OBRAS DE **FRANZ KAFKA**

1. CARTA A MEU PAI
2. A METAMORFOSE
3. AMÉRICA
4. CONTOS ESCOLHIDOS
5. A MURALHA DA CHINA
6. CARTAS A MILENA
7. A COLÔNIA PENAL
8. O PROCESSO
9. O CASTELO
10. DIÁRIOS

CARTAS A MILENA

Obras de
FRANZ KAFKA

Vol. 6

Tradução e Prefácio de
TORRIERI GUIMARÃES

Capa de
CLÁUDIO MARTINS

EDITORA ITATIAIA LTDA
Belo Horizonte
Rua São Geraldo, 67 - Floresta - Cep.: 30150-070 — Tel.: (31) 212-4600
Fax.: (31) 224-5151

FRANZ KAFKA

CARTAS A MILENA

EDITORA ITATIAIA
Belo Horizonte

Título da obra em alemão
BRIEFE AN MILENA

2000

Impresso no Brasil
Printed in Brazil

PREFÁCIO

"Ninguém canta com tanta pureza como os que estão no mais profundo inferno; seu canto é o que acreditamos o canto dos anjos."

"Cartas a Milena", KAFKA.

Quando Kafka conheceu Milena o seu espírito já se tinha amadurecido em todos os absurdos da existência humana. Já havia feito uma auto-análise, uma imersão psicanalítica nos abismos de sua personalidade, para encontrar em suas cavernas, quase adormecidos, mas ainda atuantes nos momentos de crise, aqueles monstros sagrados de sua infância; a Carta a Meu Pai estava em seu poder, nunca foi enviada ao destinatário, prova de que, esgotado o exame que se propusera, o estudo devia satisfazer a sua íntima necessidade de auto-explicar-se e, assim, perdia toda validade em relação à figura do Pai, talvez como êle vítima também de um complexo de circunstâncias imprevisíveis. Vinha ele de algumas decepções amorosas, com noivados sucessivamente acertados e desfeitos, e sua alma estava cheia de inquietações e de dúvidas. O organismo estava combalido pela insidiosa doença que o vinha minando desde alguns anos antes; e da exaustão física, da irritação nervosa, desse inferno que era o seu corpo em decomposição orgânica, restava vigilante a luz do espírito, mais viva e brilhante, como luz nas trevas do mundo o archote do viandante.

Kafka conheceu Milena em Merano, para onde ele fora para uma temporada de repouso. Diagnosticada a sua fatal doença, ele acreditava, dentro das possibilidades da medicina nessa época, que uma temporada de repouso e boa alimentação em local saudável pudesse curá-lo. Quiçá nem tivesse definida essa certeza, e a sua permanência ali fosse apenas mais uma irrealizada tentativa de fuga à realidade, à chata realidade de seu emprego, onde se sentia inútil, de sua restrita sociedade onde sua angústia e o acúmulo de problemas íntimos não lhe permitia completar-se, do vazio que lhe deixava na alma o esboroar-se sucessivo de seus noivados. Fugindo de todo esse amorfo mundo, em parte real e em parte recriado pela sua sensibilidade, Kafka debatia-se à espera da salvação. Por isso, ele confessa que Milena lhe infundiu nova vida.

E quem era Milena? Na representação social do mundo, ela era a descendente de uma família tradicional da Checoslováquia, que ali constitui o patriciado. Depois da batalha de Weisse Berg um de seus antepassados, ardente patriota, foi executado pelos Habsburgos, e seu nome figura na grande placa de mármore junto à velha Municipalidade de Praga. Em suas veias, pois, corria o sangue ardente dos seus avoengos, inflamados do amor à Pátria e trilhando com galhardia os caminhos da aventura. Ela contava, na época em que conheceu Kafka, vinte e quatro anos bem vividos, sofregamente aproveitados. A sua situação era semelhante à de Kafka. Vivera os seus dias mais felizes em Praga, quando esperdiçou tudo o que possuía de uma maneira incrível: dinheiro e vida, paixões e sentimentos, os seus e aqueles que ela sabia despertar e que, por uma deformação particular de seu caráter quase egoísta, passava a considerar seus próprios sentimentos, propriedade exclusiva de sua alma. Assim, nos anos confusos que se sucederam à guerra, quando a Europa lutava para emergir do caos, e a flor da mocidade européia vinha procurar nos cafés literários o bálsamo para as suas recentes e dolorosas cicatrizes, Milena sofria o seu drama particular, íntimo, e não encontrava naquele ambiente conturbado o lenitivo desejado.

Como Kafka, Milena não era feliz em seus amores. Várias tentativas fizera para encontrar a alma gêmea, aquela que se identificasse com a sua. Kafka também fracassara quando pretendera ligar o seu destino ao de outra criatura. Em sua Carta a Meu Pai, culpara a este pela sua frustração ao casamento, acreditando que a figura máscula e zombeteira do progenitor sempre se interpunha no momento da decisão, para torná-lo desconfiado de sua felicidade futura, fazer-lhe acreditar que não seria capaz de constituir um lar e despertando-lhe a lembrança de todas as privações de carinho, de amizade, de ternura, da eterna luta em que se batiam pais e filhos, afugentá-lo definitivamente do himeneu. Chegara a ficar noivo duas vezes da mesma moça, e de seus três noivados resultaram amargas desilusões para suas noivas inconformadas e amaríssimo desconforto e frustração para ele. Estava abatido moral e fisicamente. Restava-lhe a sua velha companheira, a Fantasia. Encontrara-a na sua infância, quando seus olhos se detinham no vazio, numa dimensão vedada aos interesses materialistas, mediatistas que norteavam a existência dos seus, e franqueada totalmente à sua alma sequiosa de afirmar-se num mundo inteiramente seu. Pela sua mão trilhara caminhos interiores, palestrara com os fantasmas de suas ilusões e desencavara dos ignotos escaninhos de sua mente os sonhos fantásticos que iriam trazer para a literatura moderna novo matiz, novos caminhos, novas inquirições espirituais.

E assim chegava, aos trinta e oito anos, solteirão com a alma cheia de ternura, porém consumida pela fantasia. A moderna Psiquiatria talvez lhe diagnosticasse uma esquizofrenia letal, isto é, um desejo latente de auto-destruir-se para matar em si a representação onírica do pai, para fugir também à responsabilidade da condição humana, de sua própria representação no mundo, e para não transmitir a qualquer descendente a sua introvertida e doentia personalidade. Realmente, em suas obras notamos a constante humilhação de sua pessoa, as torturas morais a que é submetida, e como persegue incansavelmente os ideais menos destituídos de grandeza, e que lhe são, entretanto, para sua maior irrisão, sempre negados. Essa a imagem de um homem genial, para quem a vida não era um campo de prazeres, mas uma imensa sala de aula, onde todos os que o rodeavam eram seus professores e ele o aluno nervosamente atento, cuja inteligência recebia e registrava, com espantosa nitidez, todos os movimentos de idéias de seu tempo.

Milena era, também, uma intelectual. Escrevia artigos para as revistas e jornais de Viena, e fazia traduções de livros estrangeiros. Foi assim que se iniciou sua amizade com Kafka. Traduziu dele alguns relatos para o checo e a troca de correspondência entre ambos inicia-se com base nessas traduções. Milena casara-se, porém era infeliz; a razão de sua infelicidade somente as suas cartas (que infelizmente se perderam, ou foram queimadas por Kafka) poderiam elucidar. Segundo os que a conheceram, Milena era "apaixonada, intrépida, fria e inteligente nas decisões, porém temerária na escolha dos meios quando intervinha a paixão; e em sua juventude parece ter intervindo constantemente. Como amiga era inesgotável, inesgotável em bondade, em socorros cuja origem se tornava com freqüência enigmática, mas também inesgotável em suas exigências para com seus amigos, exigências que tanto para ela como para seus amigos pareciam absolutamente naturais; e como amante, disso apenas poderiam falar os poucos homens que a conheceram nesse sentido, mas já quase todos morreram (Willy Hass)".

Mais saudável do que Kafka, Milena encontra nessa paixão a oportunidade de extravasar os seus sentimentos maternais por tanto tempo represados em seu coração. Torna-se a amante caprichosa e a mãe carinhosa, a ponto de Kafka chamá-la com muito acerto de "Mãe Milena". Quanto foi bondosa e compreensiva para aquele homem torturado pelos fantasmas de todas as suas desditas, amargo, inconformado, vê-se pela declaração de Kafka, de que ela lhe dera uma nova vida. Ela entrega-se às delícias de seu amor com tanto arrebatamento, de uma maneira total e tão íntima, que passa a sentir as dores que êle sente, passa noites de insônia como ele e, por um fenômeno de auto-sugestão ou que outro nome tenha, adquire a sua doença, ou imagina que a adquiriu, a ponto de escarrar sangue. Tal o seu desejo de identificar-se intimamente com seu amante.

Estabelece-se entre ambos uma apaixonada troca de sentimentos; alguns encontros planejados com excessiva meticulosidade exacerbam ainda mais a paixão que os une. Kafka deixa-se envolver completamente pelas delícias de entregar-se a um ser amado, sem restrições de nenhuma espécie, pelo menos no início. As cartas evoluem do tom respeitoso, dos assuntos literários, para os tratamentos carinhosos e íntimos; porém, nos pormenores que passariam despercebidos ao leitor, encontramos a incoercível tendência de Kafka para humilhar-se, para diminuir-se, diante das pessoas e do mundo, talvez com isso inconscientemente querendo evitar um hipotético castigo por uma culpa que está impressa em sua alma: assim, a sua assinatura passa de F. Kafka *a um simples* F. *e depois confessa: "agora perco também o nome; cada vez se torna mais breve e chegou a ser somente: Teu".*

É uma paixão sem limites e sem esperanças, digna apenas de coroar com seus lampejos de arrebatamento e ternura aquela magnífica existência de um gênio que se estiolava. Não foi fácil para nenhum dos dois manter o clima apaixonado; aqui e ali as solicitações do mundo e da sociedade se faziam presentes para perturbá-los: amigos comuns acendiam inquietações desnecessárias e o marido de Milena, que desempenha neste drama um papel difícil (mas com uma compreensão acima do normal, pois autorizou a publicação dessas cartas) requeria dela os cuidados e a discrição de esposa. Enfim, a simples leitura dessa correspondência multiforme, extensa e variada, que levaria anos para ser ordenada, pois não contém as datas de envio, será suficiente ao leitor atento para fazê-lo penetrar nesse labirinto onde duas almas se buscam ansiosamente, encontrando-se rapidamente para depois se afastarem definitivamente, sabendo-se próximos e anelantes uma pela outra, mas irremediavelmente perdidas para o amor que as atormenta.

Por fim, a correspondência perde um pouco da ternura inicial, tantos obstáculos materiais e entraves espirituais se opuseram a essa paixão; aqui e ali, os primeiros laivos de amargura, de desconfiança e temor vão aparecendo. Kafka sente que está novamente imergido em seu fantástico mundo de fantasmas, de angústias e medo. Alguns sonhos típicos de sua personalidade, as divagações, lembranças de temores infantis que o assaltam de repente, a insatisfação de sua posição no emprêgo, na sociedade, no mundo, revelam a instabilidade do gênio posto entre o céu e a terra, crucificado em sua própria carcaça que apodrece, ansiando pela libertação que tarda e entretanto chorando por aqueles a quem deixa. Renovam-se os complexos de culpa, e Kafka sente-se culpado pelas mínimas circunstâncias desfavoráveis ao seu amor; vê-se tomado pelos velhos temores, a insônia enfraquece-o ainda mais, e com um pouco mais de sofrimento acaba por sentir-se melhor no mundo que a sua velha companheira, a Fantasia, recria para as horas de sua solidão; a figura de Milena aparece, ainda, como o gênio tutelar de seu mundo, aureolada com todas as virtudes e adorada sem restrições, porém transformada num ideal de amor inatingível.

Esta história de amor termina como as anteriores que o escritor vivera; porém Milena é superior às outras mulheres, ela sente a necessidade do afastamento e procura iludir-se e justificar o seu amado com a declaração de que "queria muito a seu marido para abandoná-lo" (abandoná-lo-ia muitas vezes, e ele a ela, até a dissolução final do casamento). A senhora Milena Jesenská continuará a sua vida, altiva, generosa, insatisfeita, até que é confinada junto com prostitutas e criminosas de Hamburgo no campo de concentração de Ravensbrück. Conhecemos os últimos anos de sua existência pelo livro de memórias de Margarete Buber-Neumann, sua companheira de prisão. "Milena e eu fomos amigas desde o primeiro momento e continuamos amigas, na vida e na morte, durante quatro amargos anos de prisão... Chegara enferma de um cárcere de investigação científica em Dresde. Ela acreditava que era reumatismo. Tinha as mãos inchadas, todo o tempo sentia dores, gelava sob os farrapos do cárcere nas longas horas enquanto corria a lista, de noite não conseguia aquecer-se sob as miseráveis cobertas. Mas era uma pessoa vigorosa e constantemente abolia meus temores. Em 1940 continuava ainda sem se abater, cheia de coragem e de iniciativa, e tão distante da mentalidade comum do prisioneiro... Nunca chegou a ser uma "prêsa", não podia mostrar-se insensível e brutal, como tantas outras..." Durante algum tempo manteve-se de pé, por temor aos "transportes de doentes" e às "injeções", com as quais matavam aos enfermos. Morreu no dia 17 de maio de 1944, após uma operação renal, e no dia 10 de junho seguinte o campo de concentração conheceu e exultou com a boa-nova da vitoriosa invasão das Forças Aliadas.

Kafka ainda teve a consolar seus últimos meses de vida a dedicação e o amor de Dora Dymant. Certamente deixava-se iludir-se com a esperança de ser amado, porque a verdade é que até em seus últimos instantes a figura deificada de Milena dominava, soberanamente, o seu mundo. Contemplá-la em espírito e recordar os momentos de íntima adoração, os instantes magníficos em que estavam embriagados de paixão, era seu derradeiro consolo.

Kafka faleceu em 3 de junho de 1924. Sua morte antecedeu de vinte anos a de Milena. Do romance de amor que ambos viveram, num determinado instante da Vida, numa curva do Tempo em que se viram unidos pelo mistério de suas existências, e que o gênio de Kafka tornou espantoso, pela vivíssima luz que faz irradiar de si mesmo, luz reveladora de tantas facetas interessantes de sua perturbadora personalidade, restaram algumas testemunhas e o acervo de cartas de Kafka. Os que puderam conhecer os personagens desta história de amor proibida pelas leis da sociedade, declaram-se venturosos por terem gozado da convivência e da amizade de seres tão extraordinários.

Reportando-nos às mesmas palavras de Kafka, quando afirma: "Escrever cartas significa desnudar-se diante dos fantasmas, que esperam isso avidamente. Os beijos por escrito não chegam ao seu destino, bebem-nos pelo caminho os fantasmas" — resta-nos pedir a esses fantasmas de sonhos que devolvam as carícias e os beijos roubados, ou inspirem aos leitores o verdadeiro sentido dessa imensa paixão, oculto nas entrelinhas.

TORRIERI GUIMARÃES

Meran-Untermais, Pensão Ottoburg

Querida Senhora Milena:

De Praga escrevi-lhe algumas linhas, e também de Merano. Não recebi resposta. É claro que não havia nenhuma necessidade de responder-me imediatamente, e se o seu silêncio é um sinal de que se encontra relativamente bem, estado que com freqüência se manifesta mediante a preguiça epistolar, pois então eu fico tranqüilo. Mas também é possível — e por isso lhe escrevo — alguma coisa a tenha desgostado em minhas cartas (que estúpida seria minha mão em tal caso, apesar de minha intenção); ou, talvez, o que realmente seria muito pior, poderia acontecer que tenha tornado a dissipar-se esse instante de desafogo que me menciona, e que novamente tenham piorado os seus problemas. Não sei o que dizer da primeira possibilidade, tão distante está tudo isso de mim, e tão próximo o restante; no que se refere à segunda, não aconselho nada — que poderia aconselhar? — e apenas lhe pergunto: Por que não se afasta um pouco de Viena? A senhora não precisa de pátria, como tantos outros. Não lhe daria novas fôrças uma breve permanência na Boêmia? E supondo que por qualquer motivo que desconheço não quisesse vir à Boêmia, poderia vir à outra parte, não lhe parece que talvez Merano lhe conviria? Já conhece a região?

Espero, portanto, que aconteça uma das duas coisas. Que prossiga o seu silêncio, o que significa: "Não se preocupe, estou muito bem", ou que escreva algumas linhas.

Mui afetuosamente.

KAFKA

Percebo que não consigo recordar seu rosto em pormenor. Apenas recordo como se afastava entre as mesinhas do café; sua figura, seu vestido ainda os vejo.

* * *

Querida Senhora Milena

Você escraviza-se com essa tradução em meio a êsse lúgubre mundo de Viena. Para mim é, de certo modo, comovedor e me envergonha. Penso que já terá recebido carta de Wolff (1), pelo menos escreveu-me há tempos mencionando-me essa carta. Não sou o autor do conto intitulado **Assassinato**, anunciado em um catálogo; trata-se de uma confusão; mas como dizem que é o melhor, talvez seja certo.

Em sua última carta e em sua penúltima parece ter-se libertado total e definitivamente da inquietude e das preocupações, o que talvez seja também certo no que se refere a seu esposo; pelo menos, assim o desejo a ambos, de todo o coração. Recordo que numa tarde de domingo, há anos, eu me arrastava pelo Franzensquai, do lado das casas, quando me encontrei com seu esposo; não parecia muito contente; éramos dois profissionais da dor de cabeça, embora cada um ao seu modo. Já não me lembro se nos afastamos juntos ou se nos separamos; certamente a diferença entre ambas as possibilidades não era muito apreciável. Mas tudo isso pertence ao passado, e ali deve continuar bem enterrado. Tudo bem em sua casa?

Afetuosas saudações,
Seu, KAFKA.

* * *

Meran-Untermais, Pensão Ottoburg

Querida Senhora Milena

Acaba de ir-se a chuva, que por dois dias e uma noite caíra sem interrupção; provávelmente se trata de uma interrupção momentânea, mas de qualquer maneira é um aconte-

(1) Amiga de Milena.

cimento digno de ser celebrado, o que faço escrevendo-lhe. Por outro lado, até a chuva é tolerável, aqui se é estrangeiro, não muito estrangeiro em verdade, mas faz bem ao espírito. Também você, se minha impressão não foi errada (um breve encontro isolado, quase mudo, é na lembrança evidentemente inexgotável), alegrava-se por ser estrangeira em Viena; talvez o conjunto das circunstâncias a tenha depois entristecido, mas, não se alegra pela distância em si? (O que, além do mais, poderia ser um mau sinal, e conviria evitá-lo.)

Aqui vivo bastante bem, o corpo humano e mortal quase não poderia suportar mais atenções, o balcão de meu quarto emerge sobre um jardim, rodeado, inundado de ramos floridos (é notável a vegetação deste lugar, com este tempo ficariam gelados em Praga até os charcos, e aqui se abrem lentamente as flores diante de meu balcão), diretamente ao sol (ou pelo menos ao céu carregado de nuvens, já que faz quase uma semana que não se vê o sol.) Os lagartos e os pássaros, desigual conjunção, visitam-se; gostaria tanto que você pudesse estar aqui, nestes últimos tempos, me fala da impossibilidade de respirar, a imagem e seu sentido real se encontram nesta expressão muito próximos, talvez aqui fossem ambos um pouco menos opressivos.

Com as saudações mais cordiais.
Seu, F. KAFKA

Assim são os pulmões. Passei o dia sofismando, não podia pensar em outra coisa. Não porque a enfermidade me assuste muito, provavelmente — e assim o espero, já que suas palavras parecem indicá-lo — mostra-se benigna com você, e mesmo uma verdadeira afecção pulmonar (meia Europa ocidental tem os pulmões mais ou menos afetados), que eu venho sofrendo há três anos, me fez mais bem do que mal. Há uns três anos começou, em plena noite, com um vômito de sangue. Ergui-me desconcertado, como sempre nos desconcerta uma novidade (em vez de permanecer deitado como depois me receitaram) e, naturalmente, também um pouco assustado; ia à janela, debruçava-me, voltava ao lavatório, dava voltas pelo quarto, deitava-me; o sangue não cessava. Não me sentia muito infeliz, porque pouco a pouco percebia, por razões muito definidas, que depois de três anos, quase quatro, de insônia, poderia pela primeira vez dormir, supondo que cessasse a hemorragia. Cessou (não se repetiu nunca mais, por outro lado), e pude dormir durante todo o resto da noite. Pela manhã entrou a criada (nessa época em vivia no "Schönborn-Palais), uma boa moça, muito sacrificada, mas notavelmente realista; viu o sangue e me disse: "Senhor doutor, o senhor não vai durar muito." Mas eu me sentia melhor que antes, fui para o escritório e não consultei o médico até a tarde. O resto da história não importa. Apenas queria dizer-lhe isto: não me assustou a sua enfermidade (especialmente porque me interrompo constantemente para recordar a frescura quase campestre que sempre percebi em você através de sua delicadeza, e tenho a certeza de que não está doente; é um aviso, mas não uma afecção pulmonar); não é isso portanto o que me assusta, porém a idéia do que terá precedido a sua doença atual. Antes de tudo passo por alto o que em suas cartas figura como: falta de dinheiro; chá e maçãs; diariamente de duas a oito. São coisas que não posso compreender, é evidente que apenas se podem explicar pessoalmente. Portanto, passo por alto essas coisas (apenas epistolarmente, por certo, porque são coisas que não se pode esquecer) e vou ocupar-me da explicação que naquela época consegui dar a mim mesmo sobre a enfermidade, em meu caso, ainda que se possa aplicar a outros casos. Era como se o cérebro já não pudesse suportar a acumulação de preocupações e de desgostos. Como se tivesse dito: "Não dou mais; se ainda existe aqui alguém que se interessa pela conservação do todo, que faça algo para aliviar-me de minha carga, e assim poderemos durar um pouco mais." Então responderam os pulmões, na realidade sabiam que não havia muito que perder. Essas negociações, entre a cabeça e os pulmões, das quais eu não me inteirava, podem ter sido espantosas.

E que fará você agora? Provavelmente não seja nada, se se presta um pouco de atenção. Disso, da atenção que se lhe tem de prestar, devem ocupar-se todos os que a querem; tudo o mais tem que passar a segundo plano. Não lhe parece uma solução? Como dizia... não, não quero fazer brincadeiras, não estou nada alegre e não o estarei enquanto você não me escrever que iniciou uma nova vida, mais sadia. Depois de sua última carta não insistirei em perguntar-lhe porque não se afasta por algum tempo de Viena, agora o compreendo; mas de qualquer modo existem formosos lugares muito próximo de Viena e abundantes possibilidades de se tratar. Hoje não lhe falo de outra coisa, nada do que lhe posso dizer é mais importante do que este assunto. O restante irá amanhã, também os agradecimentos pelo manuscrito, que me comove e me envergonha, me entristece e me alegra. Não, tenho que lhe dizer algo mais: Cada vez que você tira um minuto de sono a si mesma para dedicá-lo à tradução, é como se me maldissesse. Porque quando se verificar o Juízo não precisarão investigar muito, bastará dizer: tirou-lhe o sono. Por isso me condenarão, e com justiça. Quer dizer, que ao rogar-lhe que não o faça mais, penso também em mim.

Seu, FRANZ K.

* * *

Querida Senhora Milena

Hoje quisera falar-lhe de outra coisa, mas não posso. Não porque o considere na realidade algo muito sério: se assim o fizesse, falar-lhe-ia de outro modo; mas teria de haver de tanto em tanto alguma cadeira de descanso no jardim, que a esperasse na penumbra da folhagem, e uns dez copos de leite ao alcance de sua mão. Poderia também ser em Viena, especialmente agora no verão, mas sem fome e sem inquietação. Não é possível? E não há nada que o torne possível? E que diz o médico?

Quando tirei o manuscrito do interior do grande envelope quase me decepcionei. Teria querido escutar sua voz, não essa voz tão conhecida que surge da velha tumba. Por que se interporá entre nós? Mas depois recordei que também constituía um vínculo entre os dois. Além do mais, para mim é incompreensível que você se tenha atribuído semelhante trabalho, e profundamente comovedor que o tenha feito com tanta fidelidade, frase por frase, uma fidelidade que eu não teria acreditado possível em checo, tanto quanto a beleza e a naturalidade, a autoridade com que você o utiliza. São tão próximos o alemão e o checo? Seja como for, trata-se de qualquer modo de um relato profundamente mau; com uma facilidade extraordinária, eu poderia, querida senhora, assinalar-se-lho quase frase por frase; a única coisa que mo impede é que o fastio de o fazer é mais poderoso ainda que o desejo de experimentá-lo. O fato de que a você agrade o referido relato lhe dá naturalmente certo valor, mas de todos os modos também introduz certa confusão em minha imagem do mundo. E não falemos mais disso. Wolff lhe mandará "O Médico Rural", já lhe escrevi.

Certamente que entendo o checo. Já várias vezes quis perguntar-lhe porque você não me escrevia em checo. Não porque não domina o alemão. Geralmente, domina-o de maneira assombrosa, e quando não o domina, o alemão rende-se diante de você por sua própria vontade, o que é notavelmente agradável, já que um alemão, por exemplo, não se atreveria a esperar isso de seu idioma, não se animaria a escrever com tanta personalidade. Mas quisera lê-la em checo, porque, depois de tudo, é parte sua, porque apenas ali encontrarei a verdadeira Milena (a tradução o corrobora), aqui apenas encontro uma Milena que se prepara constantemente para fugir de Viena ou para enfrentá-la. Portanto, em checo, por favor. E também o artigo que me menciona. Por pobre que seja, você já abriu caminho também para si até o fundo da pobreza de meus relatos; até que ponto? Não o sei. Talvez eu possa fazer o mesmo; se não posso persistirei em meus favoráveis preconceitos.

Pergunta-me pelo meu compromisso. Comprometi-me duas vezes (pode-se dizer que três; quer dizer, duas vezes com a mesma jovem), e as três vezes rompi o compromisso poucos dias antes do casamento. O primeiro assunto já foi relegado totalmente ao esquecimento (creio que já se casou com outro e tem uma criança, segundo ouvi dizer); o segundo ainda está desperto, porém sem maiores perspectivas de casamento; quer dizer, já não vive, ou antes o faz por sua conta, à custa das pessoas interessadas. Em geral, tanto neste caso como em alguns outros cheguei à conclusão de que os homens sofrem talvez mais ou, se se quer expressar assim, têm menos capacidade de resistência, mas em troca as mulheres sempre sofrem sem culpa, e não exatamente porque "não têm culpa", porém no verdadeiro sentido, o que de todos os modos talvez se reduza a "não ter a culpa". Por outra parte, é inútil aborrecer-se com estas coisas. É como se alguém se esforçasse por revirar um só caldeirão no inferno, primeiro não se pode, e depois, se se consegue isso, queima-se o sujeito na massa candente que se derrama, enquanto o inferno continua existindo com todo seu esplendor indestrutível. É preciso encará-lo de outro modo.

Em todo caso, o essencial é repousar em um jardim e extrair da enfermidade, especialmente quando não é uma verdadeira enfermidade, toda a doçura possível. E doçura existe muita nela.

Seu, FRANZ K.

* * *

Querida Senhora Milena

Antes de tudo, para evitar que apesar de minha vontade o leia nas entrelinhas, devo explicar-lhe que desde duas semanas padeço de uma insônia cada vez maior; fundamentalmente não a considero má, esses períodos aparecem e desaparecem e sempre têm alguns motivos (segundo Baedeker poderia ser, ridìculamente, o ar de Merano) a mais dos necessários; mesmo quando esses motivos sejam às vezes quase imperceptíveis, apesar de tudo deixam a alguém tão estuporado como um pedaço de pau, e ao mesmo tempo tão inquieto quanto um animal selvagem.

Mas, resta-me uma satisfação. Você dormiu bem, embora "excepcionalmente"; contudo, ontem continuava "fora de si"; mas apesar de tudo dormiu bem. Quando em meio da noite me deixa o sono, sei para onde vai e não me aborreço. Por outra parte, seria absurdo resistir-se, o sono é o ser mais inocente, e o insone o mais culpado.

E você, em sua última carta, agradece a esse insone. Se a lesse um estranho que desconhecesse a verdade, pensaria: "Que pessoa notável! Neste caso parece ter movido as montanhas." Em troca, não fez absolutamnte nada, não moveu um só dedo (exceto o que usa para escrever), apenas se alimenta de leite e de coisas finas; jamais (ainda que com freqüência) vê diante dele "chá e maçãs" e em geral deixa que as coisas sigam seu curso e que as montanhas continuem em seu lugar. Conhece você a história do primeiro êxito de Dostoievski? É uma história que engloba muitas coisas, e que além do mais a cito somente por comodismo, apesar da importância de seu protagonista, já que qualquer outra história de nosso mundo teria o mesmo significado. Por outro lado, não a conheço bem, especialmente os nomes. Quando Dostoievski escrevia sua primeira novela "Os Pobres Diabos", vivia com um literato seu amigo chamado Grigoriew. Este havia visto durante meses as fôlhas do manuscrito sôbre a mesa, mas não pôde lê-lo até que estivesse terminado. Ficou maravilhado e sem dizer nada a Dostoievski levou-o ao famoso crítico Nekrassov. À noite, por volta das três da madrugada, batem à porta de Dostoievski. Grigoriew e Nekrassov entram no quarto, abraçam e beijam a Dostoievski; Nekrassov, que não o conhecia, chama-o "a esperança da Rússia"; ficam umas duas horas conversando, sobretudo a respeito da novela; ao amanhecer despedem-se. Dostoievski, que sempre considerou essa noite como a mais feliz de sua vida, debruça-se à janela, vê-os afastarem-se, não pode conter-se e se põe a chorar. O sentimento principal que o embargava, e que ele em alguma parte que agora não recordo descreveu, era mais ou menos este: "Que pessoas maravilhosas! Que bons e nobres são! E quão vulgar eu sou ao lado deles! Se pudessem conhecer-me a fundo. Ainda que o dissesse, não me acreditariam". O fato de que Dostoievski decidisse, além do mais, elogiá-los apenas é um ornamento supérfluo, apenas é a última palavra da invencível juventude, e já não pertence ao meu relato, que portanto terminou. Percebe, querida senhora, o sentido oculto, tão pouco evidente, desta história? Eu creio que é este: certamente Grigoriew e Nekrassov não eram, pelo menos dentro do que se pode afirmar em termos gerais, mais nobres do que Dostoievski, mas agora rejeitemos o ponto de vista geral que tampouco Dostoievski desejava aquela noite e que não vale para um caso determinado; ouça-se a Dostoievski e se convencerá de que Grigoriew e Nekrassov são realmente pessoas maravilhosas, e Dostoievski, impuro, infinitamente baixo, que jamais se aproximará dêles nem de longe, que não poderia nunca nem pensar em retribuir sua incrível e imerecida boa ação. Alguém os vê, por assim dizer, da janela, vê-os afastar-se e expressar dêsse modo sua inacessibilidade. Por desgraça, o nome imenso de Dostoievski confunde o significado do relato. Aonde me levou a insônia? Certamente a nada que não fosse provocado pela melhor intenção do mundo.

Seu, FRANZ K.

* * *

Querida Senhora Milena

Apenas umas palavras, amanhã voltarei a lhe escrever, hoje apenas lhe escrevo pensando em mim, apenas para poder dizer que faço algo por mim, apenas para tirar um pouco de minha alma a impressão que me fêz sua carta, e que de outro modo continuaria oprimindo-me dia e noite. Você é extraordinária, senhora Milena; vive aí em Viena, deve suportar isto e aquilo e contudo tem tempo para assombrar-se de que outra pessoa, eu por exemplo, não se sinta muito bem, de assombrar-se porque uma noite dormi um pouco pior que a anterior. Nesse sentido, as três amiguinhas que tenho aqui (três irmãs, a maior tem cinco anos) adotam uma atitude mais sensata; em tôda ocasião, estejamos ou não junto ao rio, querem atirar-me à água, e não exatamente porque eu lhes tenha feito algo mau, nada disso. Quando os meninos de certa idade ameaçaram a alguém assim, é naturalmente uma, brincadeira carinhosa e significa mais ou menos isso: Para divertir-nos, digamos por sua vez o mais impossível, impossível completamente. Mas as criaturinhas pequenas são muito sérias e não admitem impossibilidades; embora fracassem dez vezes em sua tentativa de atirar-me à água não se convencem de que não poderão consegui-lo, nem sequer percebem que não o conseguiram nas dez tentativas anteriores. As criaturas são tremendas, quando alguém considera com sua experiência de adulto suas palavras e opiniões. Quando uma menininha de quatro anos como esta, que apenas parece existir para ser beijada e abraçada, embora forte como um ursinho, e ainda com um resto de barriguinha dos tempos da lactância, atira-se sobre alguém, ajudada à direita e à esquerda pelas suas duas irmãzinhas, e atrás de si alguém apenas tem a balaustrada; e se o pai cordial das meninas e a mãe, suave, formosa e gordinha (junto à caminha da quarta criatura), as encorajam sorrindo de longe e não querem emprestar seu auxílio, pois então é o fim, e é quase impossível descrever como se arranja alguém para salvar-se. As criaturas sensíveis ou possuídas por um pressentimento, tentam atirar-me à água, sem nenhum motivo especial, talvez porque me considerem supérfluo, e isso sem terem lido nunca as cartas que você me envia e minhas respostas.

Não precisa assustar-se pela "boa intenção" de minha última carta. Escrevi-a em um período, e não foi o único que passei aqui, de absoluta insônia; já escrevera a anedota, essa anedota que tantas vezes havia relacionado com você na recordação, mas, uma vez escrita, tal era a tensão entre a fronte direita e a esquerda que não pude compreender exatamente por que a escrevera; além do mais, o conjunto amorfo de coisas que teria querido dizer-lhe, ali estendido em minha cadeira de descanso no balcão, continua sem expressar-se, e não me ficava mais remédio do que apelar ao sentimento básico; nestes momentos não posso fazer muito mais do que isso.

Você possui já tudo o que eu publiquei até agora, menos o último livro, **O Médico Rural,** uma coleção de breves relatos que Wolff logo lhe mandará; pelo menos há mais de uma semana que lhe escrevi nesse sentido. Nada tenho no prelo, nem mesmo suponho o que poderia ter. Tudo quanto você fizer com os livros e com as traduções conta com a minha aprovação, é uma pena que não me pareçam mais valiosos, porque então esta concessão a seu alvedrio representaria realmente a confiança que tenho em você. Em troca alegrar-me-ia fazer um pequeno sacrifício com as duas ou três observações suas sobre o **Foguista;** será uma antecipação desse castigo do inferno que consiste em ter que examinar ainda uma vez nossa vida com o olhar do conhecimento, em que o pior não é a contemplação dos erros evidentes, porém a daqueles atos que em algum instante acreditamos bons.

Apesar de tudo, é uma grande coisa escrever, sinto-me agora mais tranqüilo que há duas horas atrás, ali, na cadeira de descanso, com sua carta. Enquanto estava ali sentado, a um passo de distância vi um coleóptero caído de patas para cima, desesperado, não conseguia endireitar-se, gostaria de tê-lo ajudado, era tão fácil ajudá-lo, evidentemente bastava dar um passo e empurrá-lo um pouquinho, mas sua carta fez-me esquecer o inseto, além do mais não podia erguer-me, até que uma lagartixa obrigou-me a prestar outra vez atenção à vida circundante; dirigia-se para o cascudo, que já estava imóvel; não havia sido então um mero acidente, pensei, porém uma agonia mortal, o pouco freqüente espetáculo da morte natural de um animal; mas ao passar com rapidez a lagartixa sobre ele permitiu-lhe endireitar-se; ficou um momentinho quieto como morto e depois se precipitou — como se fosse a coisa mais natural — e subiu pela parede da casa. De algum modo isto me infundiu um pouco de ânimo a mim também; ergui-me, bebi leite e comecei a escrever-lhe.

Seu, FRANZ K.

Amanhã lhe mando os comentários, que por outra parte seriam muito poucos, em muitas páginas nenhum, não deixa de me assombrar a exatidão tão natural da tradução, apenas um erro de compreensão do texto, o que por outro lado não teria também nenhuma importância, e sim em todo momento uma compreensão poderosa e decidida. Apenas penso que talvez os checos lhe reprovem a fidelidade de sua tradução, o que é o mais encantador que eu encontro nela (não pelo relato, porém simplesmente por mim); meu sentido do checo, porque eu tenho um, dá-se por satisfeito, mas está notàvelmente cheio de preconceitos. De todos os modos, se alguém lhe fèz alguma censura, procure compensar a mortificação com meu agradecimento.

* * *

Querida Senhora Milena

(Sim, o recenseamento é fatigante, mas é um desses apoios no mundo incerto a que podem aferrar-se os doentes, e não é uma prova de sua cura que um apoio lhes pareça cansativo) nunca vivi entre alemães, o alemão é minha língua materna e portanto me é muito natural, mas em troca o checo está mais pròximo de meu coração, por esse motivo sua carta destrói muitas incertezas, vejo a você com mais clareza, os movimentos do corpo, das mãos, tão rápidos, tão decididos, é quase como um encontro; não obstante, quando tento erguer os olhos para seu rosto surgem em pleno curso de sua carta — que esquisito! — uma labareda, e já apenas vejo o fogo.

Poderia induzir-se a alguém a crer na lei de sua vida, essa lei que você aduz. Que você não queira que se compadeçam de você por essa lei que segundo diz suporta é, certamente, compreensível, porque sua expressão da lei não é senão puro orgulho e jactância ("sou eu a que paga"), as provas que oferece dela não merecem maior atenção, nesse sentido tem-se que se limitar a beijar-me as mãos em silêncio. No que diz respeito a mim, acredito realmente em sua lei, mas em troca não creio que ameace sua vida, tão fria, tão lúgubre e conspìcuamente; é uma intuição, de acordo, mas uma intuição pelo caminho, e o caminho é infinito.

Mas, a parte isso, é terrível para a compreensão terrena e reduzida de um mortal ver você nesse forno candente em que vive. Por agora apenas falarei de mim. Se se considera a situação em conjunto, como se se tratasse de uma espécie de dever escolar, percebe que comigo se lhe apresentavam três possibilidades. Por exemplo, poderia não ter-me dito absolutamente nada de você; teria impedido a mim então a felicidade de conhecê-la e, o que é mais importante ainda que uma felicidade, ter-me-ia impedido pôr-me desse modo à prova. Por isso não se atreveu a esconder-me nada. Segundo, poderia ter calado muitas coisas ou tê-las pintado com cores mais alegres, e ainda está a tempo de fazê-lo; mas, tais como estamos agora, eu perceberia, ainda que não me dissesse, e me causaria dupla pena. Quer dizer, que tampouco é isso o que deve fazer. Apenas fica como terceira possibilidade esta; que procure cuidar-se um pouco de si mesma. Já se percebe uma atenção em suas cartas. Com freqüência leio nelas Calma e Segurança, embora nas últimas encontre na verdade algo muito diferente, e por fim, sem deixar margem a dúvidas: "verdadeiro terror".

O que me diz sobre o seu estado de saúde (o meu é bom, mas o ar da montanha não me deixa dormir) não me conforma. O diagnóstico do médico não me parece excessivamente favorável, ou antes não é nem favorável nem desfavorável, apenas sua reação pode determinar o sentido que é preciso dar-lhe. Certamente, os médicos são estúpidos, ou antes não são mais estúpidos que o resto dos mortais, mas suas pretensões são ridículas; não importa, é preciso deixar assentado que desde o próprio momento em que alguém se mete com eles se mostram cada vez mais estúpidos; e o que o médico lhe exige agora não é nem muito estúpido nem impossível. Impossível é que você chegue a adoecer realmente, e deve continuar sendo uma impossibilidade. Em que direção se modificou a sua vida desde o momento da entrevista, isso é o que importa.

E agora umas perguntas secundárias, se permite: Por que e desde quando não tem você dinheiro? Por que estava antes em relação com tanta gente em Viena, segundo me escreve, e agora com ninguém?

Não quer enviar-me seu folhetim, quer dizer, não tem bastante confiança em mim, teme que eu não saiba arquivá-lo no lugar adequado da imagem que me formei de você. Bem, então me desgostarei com você, nesse sentido; depois de tudo, não é nenhuma infelicidade, é quase uma sorte que fique em algum canto do meu coração um pouco de ira por você.

Seu, FRANZ K.

* * *

Sexta-feira

Antes de tudo, Milena: que espécie de casa é essa de onde me escreve no domingo? Enorme e vazia? Está sozinha? Dia e noite?

Sem dúvida há de ser bastante melancólico encontrar-se sozinha, uma linda tarde de domingo, sentada diante de um "desconhecido", cujo rosto apenas consiste em "folhas escritas". Quão melhor é minha sorte! É verdade que meu quarto é pequeno, mas aqui tenho a verdadeira Milena, que ao que parece abandonou-a no domingo e, creia-o, é maravilhoso estar a seu lado.

Queixa-se você de sua inutilidade. Antes pensava de modo diferente, e de outro modo voltará sem dúvida a pensar. Essa frase desespera-a (em que ocasião foi dita?), contudo é tão clara e nesse sentido diz-se ou se pensa incontáveis vezes. A pessoa acossada por seus demônios vinga-se insensatamente no próximo. Nesses momentos você quisera tê-lo redimido completamente, não o consegue e por isso se considera inútil. Quem pretende uma coisa tão desproporcionada? Ninguém o conseguiu, nem mesmo Jesus. Jesus apenas pôde dizer: "Segui-me", e também essa grande frase (que por desgraça cito equivocadamente): "Procedei de acôrdo com minha palavra e vereis que não é a palavra de um homem, porém a palavra de Deus." E apenas libertou dos demônios aos que o seguiam. E tampouco de uma maneira duradoura, porque, quando se afastavam dele, perdia toda influência e toda "finalidade". De todos os modos — e é o único que eu lhe concedo — também ele sucumbiu à tentação.

Sexta-feira

Hoje ao anoitecer, e na verdade pela primeira vez, dei um longo passeio a sós; até agora sempre tinha saído com outras pessoas ou, na maioria dos casos, ficava descansando na casa. Que lugar formoso! Céus, Milena, se você estivesse aqui, e tu, "pobre mente incapaz de pensar!" E lhe mentiria contudo se lhe dissesse que a deploro; graças ao sortilégio mais absoluto, mais doloroso, está você aqui, tanto quanto eu o estou, com mais força ainda. Não é uma brincadeira, às vezes suponho que você, como está aqui, me deplore e pergunta: Onde está então? Porventura não disse que estava em Merano?

F.

Recebeu minhas duas respostas?

* * *

Querida Senhora Milena

O dia é tão curto, entre você e apenas duas ou três ninharias e logo termina. Difìcilmente consigo um tempinho para escrever à verdadeira Milena, já que outra mais verdadeira ainda esteve aqui comigo, todo o dia, na sala, no balcão, nas nuvens.

A que se deve a jovialidade, o bom humor, a despreocupação de sua última carta? Algo mudou? Ou será uma ilusão alimentada pelas prosas? Ou será que você se controla tão bem que ao mesmo tempo domina as circunstâncias? Que é? Sua carta começa como a sentença de um juiz, digo-lhe seriamente. E tem razão quando me censura. E sua censura é justa, "ou não inteiramente justa", assim como você tem essencialmente razão no que diz respeito "à melhor intenção". É evidente, com efeito. Se eu sofresse total e constantemente a preocupação que me adjudico em minha carta, teria vencido todos os obstáculos e em lugar de permanecer em minha cadeira de repouso eu teria aparecido no dia seguinte em sua casa. Essa seria a única prova de minha afirmação, tudo o mais são palavras, isto inclusive. Ou alusões ao sentimento subjacente, mas esse sentimento se cala e permanece com as mãos cruzadas.

Como é possível que essas pessoas tão ridículas que me descreve (com amor, e portanto magicamente), a da pergunta, por exemplo, e muitas outras, não a tenham saciado ainda? Contudo, tem de julgá-las, as mulheres sempre terminam julgando. (A lenda de Páris refuta um pouco isso, mas depois de tudo também Páris fica reduzido a julgar qual dos juízos definitivos das deusas é o mais forte.) Não se trata em realidade de ridicularias, apenas serão ridicularias momentâneas, que depois em conjunto se fazem sérias e bem intencionadas; será essa esperança o que a retém junto a essa gente? Quem pode dizer que conhece o secreto pensamento de seu juiz feminino? mas tenho a impressão de que você perdoa essas ridicularias em si, compreende-as e as enobrece com seu amor. Essas ridicularias apenas são o ziguezague dos cachorros que correm, enquanto o amo caminha em linha reta, não exatamente em meio do ziguezague, porém exatamente para onde vai o caminho. Não obstante, seu amor terá um sentido, assim o creio com firmeza (pergunto-me sem cessar e sem cessar parece-me indubitavelmente assombroso), e para dar força a essa possibilidade acontece-me recordar o veredicto pronunciado por um empregado de meu escritório. Há alguns anos eu costumava passear com freqüência pelo Moldava, em canoa, remava contra a correnteza e depois deixava-me levar pela correnteza, deitado, sob a ponte. Considerando minha delgadeza, deve ter sido um espetáculo bastante cômico para aqueles que estavam na ponte. Esse empregado que justamente me viu ali uma vez, sintetizou deste modo sua impressão, depois de fazer ressaltar uma cena prévia do Juízo Final: o momento em que já erguiam as lápides dos túmulos, mas os mortos continuavam deitados e imóveis.

* * *

Fiz uma pequena excursão (não essa grande que já lhe mencionei e que afinal não se realizou) e fiquei durante três dias quase inválido de cansaço (nada desagradável), impossibilitado de fazer a menor coisa, nem sequer escrever; apenas podia ler, a carta, os artigos, com freqüência com a impressão de que semelhante prosa não está ali por sua própria vontade, porém como uma espécie de indicador que assinala o caminho para uma pessoa, um caminho pelo qual se avança cada vez mais contente, até que em um instante de claridade compreende que na realidade não se avança, que continua, mais perdido ainda do que antes. Mas, de qualquer maneira: Não é uma escritora vulgar a que escreveu essas páginas. Em conseqüência, confio agora quase tanto em sua obra como em você mesma. Em checo somente conheço (com meus pobres meios de conhecimento) uma voz musical, a de Bozena Nemcová, mas aqui encontro uma música diferente, embora parecida à dela em sua decisão, sua paixão, sua graça e especialmente sua clarividente sagacidade. Terá sido o resultado destes últimos anos? Você escrevia também antes? Certamente, pode retrucar-me que minha opinião sobre você é ridìculamente parcial; e teria razão, é claro que sou parcial, mas minha parcialidade depende não do que pude encontrar em suas páginas (por outro lado desiguais, às vezes lamentavelmente influenciadas pelos jornais), porém do que tornei a encontrar nelas. Mas você poderá aquilatar imediatamente o pouco valor de meu juízo quando lhe digo que, seduzido por duas frases, acreditei que também o mutilado artigo sobre modas era obra sua. Gostaria muito de ficar com estes recortes, para mostrá-los ao menos à minha irmã, mas como precisa deles logo, mando-lhos; especialmente porque vi cálculos aritméticos à margem. Julgara eu de forma muito equívoca ao seu marido. No círculo do café pareceu-me a pessoa mais digna de confiança, mais compreensiva, mais descansada, quase excessivamente paternal, embora também inexcrutável, mas não até o ponto de invalidar o anterior. Sempre me inspirou respeito; não tive nunca ocasião de conhecê-lo melhor, nem a habilidade necessária, embora alguns amigos, especialmente Max Brod, tinham muito elevada opinião dele, o que sempre tive em conta ao recordá-lo. Sobretudo agradou-me em uma época sua peculiaridade de que o chamassem pelo telefone várias vezes por noite a cada café. Certamente havia alguém que permanecia sentado junto ao aparelho, de vez de deitar-se, cochilando com a cabeça reclinada sobre o encosto de uma cadeira, e erguendo-se de quando em quando para chamá-lo pelo telefone. Um estado que compreendo tão bem, que talvez apenas por isso o menciono.

Seu, FRANZ K.

Que lhe parece? Poderei receber ainda uma carta antes do domingo? Sem dúvida seria possível. Mas esta avidez de cartas é insensata. Não basta porventura uma só, não basta uma certeza? Certamente que basta, mas não obstante a gente se deita e se estira bem e bebe a carta e não sabe nada, salvo que não desejaria cessar nunca de bebê-la. Explique-me isto, Milena mestra!

* * *

Quinta-feira

Não lhe falarei por ora senão disto (além do mais não li ainda atentamente suas cartas, apenas revoluteei sobre elas, como um mosquito junto à luz, e queimei várias vezes minha cabeça; por outra parte, já descobri que se tratam de duas cartas bem diferentes; uma, para bebê-la com avidez, a outra para desesperar-se, mas esta é provavelmente a última):

Quando alguém se encontra com um conhecido e pergunta-lhe com interesse quanto é dois vezes dois, a pergunta é digna de um manicômio; e contudo, no primeiro grau da escola é sumamente pertinente. Com a pergunta que eu lhe formulei, Milena, acontece em troca que reúne as duas qualidades, corresponde ao manicômio e à escola ao mesmo tempo; por felicidade, existe algo de escolar nela. É isto: sempre me pareceu totalmente incompreensível que alguém se deixasse enganar pela pura aparência de meus méritos e assim consegui arruinar minha relação com muitas pessoas (por exemplo com Weiss) graças a esse espírito lógico, sempre mais propenso a acreditar em um erro dos outros do que em um milagre (no que diz respeito a mim, pelo menos).

Por que, pensei, conturbar mais com estas coisas as turvas águas da vida? Vejo diante de mim um pedaço de caminho possível e sei a que distância incrível, para mim absolutamente inalcançável, encontra-se de minha posição atual a possibilidade de merecer um olhar qualquer (minha; e quanto menos dos outros; isto não é modéstia, porém orgulho, se reflete um pouco), a possibilidade de um olhar qualquer, e de súbito obtenho nada menos que suas cartas, Milena. Como exprimir-lhe a diferença? Um homem jaz na sujeira e no fedor de seu leito de morte, e de súbito chega o Anjo da Morte, o mais divino dos anjos, e olha-o. Atrever-se-á sequer esse homem a morrer? Volta-se, entrincheira-se bem em sua cama, é-lhe impossível decidir-se a morrer. Em resumo: não acredito o que você me diz, Milena, e não existe modo de mo fazer crer — tampouco a Dostoievski teriam podido fazer-lhe acreditar aquela noite, e minha vida dura uma noite — apenas eu poderia demonstrar-mo, posso imaginar-me capaz de demonstrar-mo (assim como você podia imaginar o homem na cadeira de descanso), mas não posso acreditá-lo. Por isso minha pergunta era apenas um ridículo estratagema — naturalmente, você percebeu-o logo —, assim como às vezes o professor, devido ao cansaço e à nostalgia, se deixa enganar de antemão por uma resposta correta do aluno e pretende supor que o aluno compreende realmente o problema, quando na realidade apenas conhece-o superficialmente por um motivo qualquer que não vem ao caso, mas está impossibilitado de entendê-lo a fundo, já que essa compreensão apenas poderia ensinar-lhe o professor. Mas não com gemidos, nem lamentos, carícias, rogos, sonhos (recebeu as cinco, as seis últimas cartas? Leia-as, verá que formam parte de um todo), porém com nada menos que... Deixemos isto em suspenso.

* * *

Vejo de passagem que você menciona também a jovem. Para que não lhe reste nenhuma dúvida: afora o sofrimento momentâneo, você fez a esta jovem um imenso favor. Não posso imaginar de que outro modo teria conseguido desfazer-se de mim. Nesse sentido já tinha ela certo doloroso pressentimento, sem ser capaz não obstante de compreender na mínima coisa que era o que na realidade outorgava certo calor ao lugarzinho junto a mim (um calor sinistro, mas não para ela). Recordo: estávamos sentados juntos no sofá, em um apartamento de uma só sala, em Wrschowitz (provavelmente em novembro, uma semana depois o apartamento seria nosso); ela sentia-se feliz por ter conseguido, após muitos esforços, pelo menos êsse apartamento; a seu lado estava sentado seu futuro esposo (repito-o: era eu, apenas eu, o que tinha insistido em apressar o casamento, ela aceitara de má vontade, atemorizada, mas depois naturalmente se acostumara à idéia). Quando penso nessa cena, com todos os seus pormenores, mais numerosos do que as pulsações de um febril, parece-me compreender então todos os enganos humanos (neste caso também eu me enganara durante meses a mim mesmo, embora em mim não fôsse somente engano, havia outras considerações, depois de tudo podia ter acontecido um casamento de conveniência, no melhor sentido), compreender todos os enganos imagináveis, em toda sua profundidade, e tenho medo de levar à minha boca o copo de leite, porque não por casualidade, porém de antemão, poderia partir-se diante de meu rosto e cravar-me os estilhaços na carne.

Uma pergunta: Em que consistem as censuras que lhe fazem? Sim, também eu causei a desgraça de algumas pessoas, mas certamente não continuam censurando-mo eternamente, reduzem-se a calar, e acredito que, no fundo, tampouco me fazem qualquer censura. Esse lugar de exceção ocupo entre os homens.

* * *

Mas tudo isto não tem nenhuma importância ao lado de uma idéia que me ocorreu esta manhã ao levantar-me da cama, e que me enfeitiçou de tal modo que me lavei e me vesti sem aperceber-me, e nesse estado me teria barbeado se uma visita não me tivesse despertado.

Em resumo, é o seguinte: você afasta-se uma temporada de seu espôso, não seria nada novo, já aconteceu outras vezes. Os motivos são: sua enfermidade, seu nervosismo (ao mesmo tempo seria um alívio para ele), e depois a situação atual em Viena. Não sei aonde preferiria ir, o melhor para você seria algum lugar tranqüilo na Boêmia. Também conviria sobremaneira que eu não me misturasse no assunto nem me mostrasse. O dinheiro necessário para tudo isto lhe empresto eu por algum tempo (sobre o pagamento depois nos poremos de acordo). (Menciono somente uma vantagem secundária que a transição representaria para mim: converter-me-ia em um empregado extasiado com seu trabalho; por outra parte, meu trabalho é ridículo e pateticamente singelo, você nem poderia imaginar isso, não sei por que me pagam.) Se alguma vez a soma mensal não alcançasse, certamente você poderá suprir a diferença, que seria, sem dúvida, pequena.

No momento não digo nada mais em elogio desta idéia, mas mediante o seu juízo sobre ela terá você ocasião de demonstrar-me se posso confiar em seu juízo sobre minhas outras idéias (porque aprecio perfeitamente o valor desta última).

Seu, KAFKA

* * *

Não é nada fácil, depois de ter lido sua terrível — ainda que não profundamente terrível — carta, agradecer-lhe a alegria que me proporcionou o recebê-la. Hoje é feriado; já não haveria outra distribuição do correio comum, e não estava muito certo de receber amanhã, sexta-feira, carta sua;

de modo que reinava uma espécie de silêncio opressivo, embora nada triste no que se refere a você; em sua última carta mostrava-se tão vigorosa que eu a contemplava como teria contemplado a alguns alpinistas aqui de minha cadeira de descanso, procurando diferençá-los lá em cima na neve. E de súbito, exatamente antes do almoço, chega esta carta; podia levá-la comigo à mesa, tirá-la do bolso, deixá-la sobre a toalha, tornar a colocá-la no bolso, como costumam brincar as mãos com uma carta, alguém as olha e alegra-se como as crianças. O general e o engenheiro (pessoas excelentes, amáveis) estavam sentados diante de mim, já não os reconhecia, ouvia-os de vez em quando; o fato de comer, que hoje reiniciava (ontem não comi nada), não me preocupava muito; dos problemas aritméticos de sutileza, que foram o tema da conversa à sobremesa, as breves perguntas pareceram-se muito mais claras que as longas soluções; e enquanto isso percebia, pela janela aberta sobre a paisagem, os pinheiros, o sol, as montanhas, a aldeia e por sobre tudo isso uma visão de Viena.

Mas depois li a carta com cuidado, quer dizer, li com cuidado a carta do domingo; postergo a leitura da carta de segunda-feira até receber a próxima, existem nela coisas que não poderia ler com atenção, não o suportaria, vê-se que ainda não estou bastante sadio; por outro lado, a carta chegou atrasada, calculo que haverá umas cinco cartas a caminho, pelo menos três delas já lhe terão chegado, mesmo quando tivesse tornado a perder-se uma, ou mesmo quando as cartas registradas demorem mais do que as outras. A única coisa que posso fazer é pedir-lhe que me responda imediatamente esta, basta uma palavra, mas teria de ser uma palavra capaz de abrandar a dureza de todas as censuras da carta de segunda-feira e torná-la legível. De passagem foi justamente essa segunda-feira o dia em que (não sem perspectivas) tive que lutar tão vigorosamente com minha razão.

E agora a outra carta... Mas é tarde, depois de várias promessas indefinidas prometi ao citado engenheiro ir hoje sem falta visitá-lo para que me mostre os retratos de seus filhos; são muito grandes para trazê-los até aqui. É pouco maior do que eu, bávaro, industrial, de muitos conhecimentos, mas também muito alegre e sensato, teve cinco filhos, apenas dois vivem (mas está decidido, por consideração a sua mulher, a não ter mais filhos), o menino tem treze anos, a menina onze. Que mundo! E consegue mantê-lo em equilíbrio. Não, Milena, não pode falar mal do equilíbrio.

Seu, F.

Amanhã seguirei. Mas se espero até depois de amanhã, nem por isso merecerei outra vez seu "ódio", por favor, isso não.

* * *

Tornei a ler a carta do domingo, é ainda mais terrível do que eu supus da primeira vez. Milena, precisaria tomar-lhe o rosto entre as duas mãos e olhá-la fixamente nos olhos, para que você possa reconhecer-se nos olhos do outro, para que para a frente já não lhe seja possível pensar coisas como as que me escreveu nessa carta.

* * *

Sexta-feira

Quando acabará por endireitar-se um pouco este mundo de pernas para o ar? De dia passeia-se com a cabeça como pegando fogo — existem aqui em todas as partes tão formosas ruínas nas montanhas, chega-se a acreditar que também se poderia ser assim formoso —, de noite em troca se deita, e em lugar do sono ocorrem as melhores idéias. Hoje, por exemplo, ocorreu-me, para completar o oferecimento de ontem, que você poderia passar o verão em Stasa, já que me diz que está no campo. Ontem, escrevi-lhe um disparate, disse-lhe que alguma vez poderia não ser suficiente o dinheiro; é absurdo, sempre será bastante.

As cartas da terça-feira pela manhã e pela tarde me confirmam a utilidade de minha proposta, o que não é na verdade uma casualidade, já que tudo, absolutamente tudo, deve confirmar sua utilidade. Se houvesse em minha proposta alguma astúcia — onde não aparecerá essa besta monstruosa, que sabe adotar a forma que mais lhe convém — saberei segurar-lhe as rédeas, até seu marido pode confiar em mim nesse sentido. Estou exagerando. Não importa: pode-se confiar em mim. Não verei você de modo algum, nem agora nem depois. Você viverá no campo, o que tanto lhe agrada.

(Nesse sentido somos iguais, um pouco de campo sinuoso, ainda que não totalmente montanhoso, é o que mais me agrada, com bosques e lagos.)

Você não percebe o efeito de suas cartas, Milena. A de segunda-feira ("apenas tenho medo por você") ainda não pude lê-la toda (esta manhã tentei-o, li um pouco, é verdade que graças a minha proposta já se tinha convertido em algo histórico, mas ao fim não pude continuar, ainda desta vez). A carta de terça-feira, em troca (e também o notável postal — escreveu-o no café? — com sua acusação contra Werfel tenho que respondê-la, na realidade nunca lhe respondo nada, você responde muito melhor, faz-me tanto bem), conseguiu que hoje, apesar de uma noite quase totalmente insone por culpa da carta de segunda-feira, me sinta bastante tranqüilo e confiante. Naturalmente, também a carta de terça-feira tem seu espinho, que abre passagem através da carne, mas tu o cravas, e que — esta é certamente apenas a verdade de um instante, um instante trêmulo de felicidade e de dor — poderia ser difícil de suportar, provindo de ti?

F.

* * *

Se não lhe é incômodo, e se surgir uma oportunidade, diga algo amável a Werfel da minha parte. Infelizmente, você não responde a minhas perguntas, por exemplo a que se refere a suas tarefas literárias. Há pouco tornei a sonhar com você, um sonho longo, mas não me lembro quase nada. Eu estava em Viena, dessa parte não recordo nada mais; depois vinha a Praga, esquecera-me de seu endereço, não somente a rua, porém também a cidade, tudo; somente me ocorreu de algum modo o nome Schreiber, mas não sabia o que significava. Portanto, tinha-a perdido para sempre. Desesperado, realizava diversas tentativas muito engenhosas, que, contudo, não sei por que, não chegava ao seu termo, e das quais apenas recordo uma. Escrevia em um envelope: "Milena", e em seguida: "Roga-se entregar esta carta a sua destinatária, senão o Tesouro Nacional sofrerá uma perda considerável." Mediante esta ameaça esperava pôr em movimento todos os recursos do Estado para descobrir seu paradeiro. Astuto? Não pense mal de mim por isso. Unicamente em sonhos sou tão sinistro.

Tiro outra vez a carta do envelope, fica lugar: Por favor, uma vez mais — nem sempre, nem mesmo isso quero —, uma vez mais trate-me por tu.

* * *

Terça-feira

Calculo: escrita no sábado, chega na terça-feira ao meio-dia, apesar do domingo; na terça-feira arranco-a das mãos da criada, uma combinação postal tão formosa, e, não obstante, na segunda-feira tenho de partir, renunciar a ela.

Você é muito bondosa ao preocupar-se por mim, diz que lhe faltam cartas; sim, na semana passada não lhe escrevi todos os dias, mas a partir de sábado sim, de modo que no ínterim receberá três cartas, o que lhe fará sentir saudades dos dias em que não as recebia. Reconhecerá que até o momento todos seus temores eram justificados, que estou muito aborrecido com você, em geral, e que em especial existem muitas coisas em suas cartas que não me agradaram nada, que os folhetins me irritaram e assim sucessivamente. Não, Milena, não tenha medo de nada disso, porém do oposto, é estarrecedor!

É tão formoso ter recebido sua carta, tenho que lhe responder, embora esteja enjoado de insônia. Não sei o que lhe escrever, apenas passeio entre as linhas, à luz de seus olhos, sob o alento de sua boca como em um formoso dia feliz, que continua sendo formoso e feliz apesar da cabeça enferma, cansada, e de que segunda-feira tenho de partir para Munique.

Seu, F.

* * *

Correu até sua casa sem fôlego, por mim? Mas então não está enferma, e não tenho por que me preocupar mais. Assim é realmente, não me preocupo mais..., não, exagero como sempre, mas é uma preocupação como a que sentiria se a tivesse comigo, aos meus cuidados, e nos alimentássemos com este leite, com este ar que respiro e que chega do jardim, e assim fortificássemos ao mesmo tempo; não, isso seria demasiado pouco, preferiria fortificá-la muito mais a você do que a mim.

Provavelmente, por diversos motivos, não poderei viajar na segunda-feira, porém alguns dias depois. Nesse caso irei diretamente a Praga, acabam de inaugurar um trem rápido direto entre Bolzano e Praga, que passa por Munique. Suponho que ainda queira escrever-me algumas linhas, pode fazê-lo; se não as recebo em tempo mas mandarão a Praga.

Continue tendo-me afeto!

F.

* * *

Sou o cúmulo da estupidez. Leio um livro sobre o Tibé; ao chegar à descrição de um povoado nas montanhas da fronteira aperta-se-me de súbito o coração, tão desolada e abandonada me parece a aldeia, tão afastada de Viena. Mas o que me parece estúpido é a idéia de que o Tibé fica distante de Viena. Ficaria realmente distante?

* * *

Quinta-feira

Já vê, Milena, permaneço deitado em minha cadeira de descanso, pela manhã, despido, meio no sol, meio na sombra, depois de uma noite quase inteiramente insone; como dormir, quando sou demasiado leve para o sono e revoluteio constantemente em torno de você, quando na realidade estou aterrado, exatamente como você escreve hoje, por isso "que me caiu no regaço", tão aterrado quanto os profetas, que segundo se conta eram débeis criaturas (já ou ainda, é a mesma coisa), quando ouviram a voz que os chamava e se sentiram aterrados, não queriam obedecer, enterravam os pés no solo e sentiam um medo enlouquecedor; já tinham ouvido anteriormente vozes, porém não sabiam de onde provinha o tom aterrador desta voz determinada — se era a debilidade de seu ouvido ou a potência da voz — nem tampouco sabiam, porque eram criaturas, que a voz já havia vencido e já se tinha aquartelado, exatamente graças a esse terror preliminar e cheio de premonições que lhes inspirava, e que contudo não demonstrava ainda sua condição de profetas, já que são muitos os que ouvem a voz, mas na realidade é muito duvidoso afirmar ainda objetivamente que a mereçam, e para maior certeza seria melhor negá-lo de antemão... Assim estava eu, quando chegaram suas duas cartas.

Temos algo em comum, Milena, segundo creio: somos tão tímidos e tão medrosos, que cada carta é diferente, quase todas as cartas assustam-se pela anterior e ainda mais pela resposta. Você não é assim por natureza, isso se vê facilmente e eu, até é possível que tampouco eu seja assim por natureza, mas já se converteu quase em minha própria natureza; apenas quando estou desesperado e às vezes quando estou aborrecido perco essa qualidade e, certamente, quando tenho medo.

Muitas vezes tenho a impressão de que estivéssemos em uma sala com duas portas opostas, e cada qual tivesse segura a maçaneta de uma porta, e mal um de nós move as pálpebras já está o outro atrás de sua porta, e agora basta que o primeiro diga uma única palavra para que o outro feche sua porta atrás de si e desapareça. Voltará a abrir a porta, certamente, já que talvez seja uma sala que não se pode abandonar. Se pelo menos o primeiro não se parecesse tão exatamente ao segundo, se permanecesse quieto, se pelo menos aparentasse não olhar para o segundo, se se dedicasse a pôr lentamente em ordem o quarto, como se fosse um quarto como todos os outros; mas em troca faz exatamente o mesmo que o outro junto a sua porta, às vezes encontram-se ambos cada um atrás de sua porta, e a formosa sala fica vazia.

Isto dá origem a dolorosos mal-entendidos, Milena; você se queixa de algumas cartas, diz que lhes dá volta por todos os lados e nada cai delas, e contudo são essas, justamente essas, se não me engano, nas quais eu me sentia tão próximo de você, tão subjugado em meu sangue, tão subjugador do seu, tão profundamente no bosque, tão repousado na calma, que não se quer realmente dizer nada, salvo, por exemplo, que o céu é visto por entre os ramos das árvores, nada mais, e uma hora depois repete-se a mesma coisa, e contudo não existe nessa frase "uma só palavra que não tenha sido cuidadosamente meditada". E tampouco dura muito, no melhor dos casos um instante, logo voltam a soar as trombetas da insônia noturna.

Reflete, além do mais, Milena, em que condições me aproximo de você, que viagem de trinta e oito anos existe atrás de mim (e uma viagem muito mais longa ainda porque sou judeu), e como, ao voltar uma curva aparentemente casual do caminho, a vejo, quando não esperava vê-la, e menos ainda tão definitivamente tarde, então, Milena, não posso gritar, nem tampouco grita nada em mim, nem sequer digo mil tolices, porque não estão em mim (omito as outras tolices, dessas possuo em excesso), e talvez apenas percebo que estou ajoelhado ao ver que seus pés estão diante de meus olhos, e ao acariciá-los.

E não me exija sinceridade, Milena. Ninguém ma pode exigir mais do que eu, e, contudo, muitas coisas me esquivam, ainda mais, talvez me evitem todas. Mas o encorajar-me nesta caçada não me encoraja, nada disso, já não posso dar um passo mais, de súbito se torna mentira, e o perseguido acossa o perseguidor. Vou por um caminho tão perigoso, Milena. Você encontra-se segura junto a uma árvore, jovem, formosa, seus olhos subjugam com seu brilho a dor do mundo. Estamos jogando um jogo infantil, eu me arrasto pela sombra, de uma árvore à outra, estou em pleno caminho, você me chama, aponta-me os perigos, quer dar-me ânimo, desespera-se por ver meu passo vacilante, recorda-me (a mim!) a seriedade do jogo... não posso, desfaleço, já caí. Não posso ouvir ao mesmo tempo as vozes terríveis de meu interior e a sua, mas em troca posso ouvir a apenas a sua e confiar em você, em você, como em ninguém mais no mundo.

Seu, F.

* * *

Domingo

O sermão em duas páginas de sua carta, Milena, surge do fundo do coração, o coração ferido ("isso... é o que me feriu" diz você, e fui eu quem lhe fez isso, a você), e sôa com tanta pureza e altivez como se em vez de golpear o coração tivessem golpeado um aço, e também se exige o que se dá por assentado, e além do mais me entende mal (porque minhas pessoas "ridículas" são em realidade e exatamente as suas, e além do mais: em que tomei partido entre vocês dois?

Qual é a frase? Onde me ocorreu essa idéia infame? E como acredita que eu poderia opinar nesse sentido, quando sob todos os pontos de vista importante — o casamento, o trabalho, a coragem, o sacrifício, a pureza, a liberdade, a independência, a verdade — me acho tão inferior a vocês dois que quase se torna repugnante para mim falar disso? E quando me atrevi a oferecer-lhe minha ajuda concreta? E supondo que eu me tivesse atrevido, como teria podido torná-la prática? Basta de perguntas, deixêmo-las dormir em seu mundo subterrâneo; quem as convoca à luz do dia? São cinzentas e tristes e produzem esse mesmo efeito. Não diga que duas simples horas de vida valem mais que duas páginas escritas, a escritura é mais pobre, porém mais clara)..., entende-me mal, porém, apesar de tudo: o sermão é para mim, e não estou livre de culpa, embora pareça estranho não o sou essencialmente porque a resposta às perguntas anteriores apenas pode ser "Não" e "Em nenhuma parte".

Depois chegou seu querido, querido telegrama, um consolo para passar a noite, essa velha inimiga (se não chega para toda a noite a culpa não é na realidade sua, porém dela. Estas breves noites terrenas fazem que se tenha quase medo da noite eterna); no fundo a carta também contém tanto consolo, tão maravilhoso consolo, mas de qualquer modo constitui uma unidade, onde as duas páginas rugem de ira; em troca o telegrama é independente e não se dá por achado por causa da ira. Apesar de tudo, poderia dizer isto contra o telegrama. Milena: se eu, fora tudo o mais, tivesse ido a Viena, e você me tivesse atirado esse sermão (que, como já disse, não posso ignorar, porque diz respeito a mim e concerne-me com razão, não totalmente, mas sim intensamente) frente a frente — e de algum modo, supondo que não o tivesse pronunciado, o teria implìcitamente pensado, olhado, expressado mediante um gesto ou pelo menos dado por assentado —, pois então, de golpe, eu teria caído de face no chão, e nenhum cuidado de sua parte teria conseguido jamais pôr-me de pé. E se assim não tivesse acontecido, apenas poderia acontecer algo pior. Aí está, Milena.

Seu, F.

Que se passa, Milena, com seu conhecimento do gênero humano? Já várias vezes duvidei dele, por exemplo quando me falava de Werfel, é verdade que me falava com afeto e talvez apenas com afeto, mas de qualquer maneira equivocadamente, e fazendo abstração de tudo o que é Werfel e reduzindo-me somente à censura de sua obesidade (que por outro lado parece-me injustificado, Werfel está, para mim, cada dia mais formoso e mais amável, embora seja verdade que apenas o vejo ao passar), não sabe você que somente os gordos são dignos de confiança? Somente nesses recipientes de grossas paredes tudo se cozinha plenamente, apenas esses capitalistas do ar e do espaço se encontram, dentro dos limites humanos, protegidos das preocupações e da loucura e podem ocupar-se tranqüilamente de suas tarefas, e somente eles são, como disse alguém uma vez, os verdadeiros habitantes úteis da terra inteira, já que no Norte esquentam e no Sul dão sombra. (De todos os modos, isto também se poderia dizer ao contrário, mas então não seria certo.)

E depois o judaísmo. Você pergunta-me se eu sou judeu, talvez apenas seja uma brincadeira, talvez apenas quer perguntar-me se sou um desses judeus tímidos, mas de qualquer modo uma pessoa nascida em Praga, não pode ser tão inocente nesse sentido como por exemplo Mathilde, a mulher de Heine. (Talvez você não conheça a história. Sinto que teria de contar-lhe outras coisas mais importantes e também que de certo modo me prejudico sem motivo, não por causa do relato, mas por causa de sua narração; mas alguma vez tenho que lhe contar algo agradável, apesar de tudo. Meissner, um poeta germano-boêmio, nada judeu, conta-o em suas **Memórias.** Mathilde irritava-o constantemente com seus ataques contra os alemães: os alemães eram, segundo ela, maliciosos, pedantes, dogmáticos, ponderados com as palavras, oficiosos, enfim, um povo insuportável. "Você não conhece de modo algum os alemães", diz-lhe finalmente Meissner. "Henry apenas tem relação com periodistas alemães, e os que se encontram em Paris são todos judeus." "Oh, não exagere", diz Mathilde, "haverá um ou outro, nada mais, como Seiffert." "Não", disse Meissner, "esse é o único que não é judeu". "Como?", replica Mathilde. "Porventura Jeitteles" — um homem alto, cheio de corpo, e vermelho — "é judeu?" "Certamente", disse Meissner. "Mas Bamberger. . ." "Também". "E Arnstein?" "Também ele." Assim passaram revista a todos os conhecidos. Por fim Mathilde se aborrece e diz: "Você quer convencer-me de que tem razão; nesse passo seria capaz de dizer-me que também Kohn é um homem judeu, embora eu saiba muito bem que Kohn é primo de Henry e Henry é luterano. "Diante disso, Meissner já nada mais pôde alegar.) Em todo caso, não parece você ter medo do judaísmo. Isso, considerando a última ou a penúltima geração de judeus de nossas cidades, tem algo de heróico, e quando — longe de mim toda brincadeira! — uma jovem pura diz aos seus parentes: "Deixem-me", e parte para êles, é mais notável ainda que a partida da Donzela de Orléans de sua aldeia.

Poderia você censurar aos judeus uma especial timidez, ainda que uma censura geral como esta revela um certo conhecimento do gênero humano mais teórico do que prático; mais teórico, porque antes de tudo a censura não concorda com sua anterior descrição de seu marido; segundo, porque de acôrdo com minha experiência tampouco se aplica à maioria dos judeus; e terceiro, porque somente se aplica a alguns casos isolados, mas isso sim, muito pronunciados, por exemplo eu. O notável é que, em geral, a censura não corresponde, de modo algum. A situação insegura dos judeus, inseguros em si mesmos, inseguros entre os homens, explica perfeitamente que acreditem que apenas se lhes permite possuir o que seguram na mão ou entre os dentes, que além do mais somente essa posse do que está ao alcance de suas mãos lhes dá algum direito à vida, e que o que alguma vez perderam jamais o recuperarão, afasta-se tranqüilamente deles para sempre. Em qualquer direção, até as mais inverossímeis, os perigos ameaçam aos judeus; ou deixemos de lado os perigos, para ser mais exatos, e digamos: "ameaçam-nos as ameaças". Um exemplo que se refere a você. Em realidade alguma vez prometi não falar disto (em uma época em que eu quase não a conhecia), mas não tenho objeção em mencionar isso agora, porque não lhe dirá nada novo, apenas lhe demonstrará o afeto do parentes, e por outro lado não acrescentarei nomes nem pormenores porque já não os recordo. Minha irmã menor ia casar-se com um checo, um cristão; este mencionou certa vez sua intenção de casar-se com uma judia diante de uma parenta sua, que lhe disse: "Não, isso não, por favor, qualquer coisa menos misturar-se com judeus! Contar-lhe-ei um caso: uma parenta nossa, Milena, etc."

Até onde queria levá-la com tudo isso? Creio que me desviei um pouco do caminho, mas não importa, porque talvez você me tenha seguido, e agora estamos os dois perdidos. Isso é exatamente o que há de formoso em sua tradução, que é fiel (corrija-me se quiser pelo "fiel", tudo lhe é permitido, mas corrigir é talvez o que sabe fazer melhor, gostaria de ser seu aluno e cometer erros constantemente, para que pudesse corrigir-me constantemente; está-se sentado em seu banco, mal se atreve a erguer o olhar, você inclina-se sobre esse alguém e durante todo o tempo brilha seu dedo indicador no alto, censurando, não é assim?), que portanto é "fiel", e que tenho a sensação de conduzi-la pela mão pelas regiões subterrâneas, tenebrosas, abissais e espantosas do relato, quase interminavelmente (por isso são intermináveis as frases, não percebeu?), quase eternamente (apenas dois meses, diz você?), para depois, ao surgir à luz do dia, ter a sensatez de desaparecer.

Uma advertência, antes de terminar por hoje, antes de libertar por hoje a mão dispensadora de felicidade: amanhã escrever-lhe-ei novamente e lhe explicarei porque, dentro daquilo que alguém se pode assegurar, não irei a Viena; e não me conformarei até que a escute dizer: "Tem razão."

Seu, F.

* * *

Por favor, escreva o endereço um pouco mais claramente, visto que a carta que está no envelope já quase me pertence, e deveria ter mais cuidado com a propriedade dos demais, mais senso de responsabilidade. De acordo?

Tenho de qualquer modo a impressão, sem poder verificá-la com certeza, de que se perdeu uma carta minha. Temerosidade dos judeus! Em vez de temer que realmente a tenha recebido!

E agora lhe direi uma tolice mais sôbre o mesmo tema; quer dizer, o tolo é que lhe diga algo que me parece correto sem reparar que me prejudica. E depois você me fala de timidez, me dá um golpe em pleno peito ou me pergunta, o que em checo é exatamente o mesmo quanto a ritmo e a som: **Jste zid**...? (1). Não vê você como em **Jste** o punho se contrai para concentrar a força dos músculos, e depois em **zid** se atira para a frente, alegre, infalível? Com freqüência a língua checa tem para o ouvido alemão esses efeitos secundários. Você pergunta-me, por exemplo, como é possível que eu permita que a duração de minha estadia neste lugar dependa de

(1) "Você é judeu?"

uma carta, e responde-se: **nechápu** (1). **É uma palavra estranha em** checo, sobretudo dita por você; é tão vigorosa, tão antipática, gelada, parcimoniosa e especialmente tão agressiva, as mandíbulas rangem três vezes, ou antes: a primeira sílaba faz a tentativa de apanhar a noz, não o consegue, então a segunda sílaba abre bem a boca, agora a noz entra e finalmente a terceira sílaba a parte, não ouve você os dentes? Especialmente esse fechar-se definitivo dos lábios ao final impede ao outro toda possível explicação contraditória, o que de qualquer modo é melhor, por exemplo quando o outro é tão loquaz como eu neste momento. (É também possível que as três sílabas representem os movimentos do apóstolo do relógio de Praga: anúncio, aparição e mal-humorada partida.) Em cujo caso o charlatão, pedindo perdão, replica: "Alguém sòmente se mostra loquaz quando por sua vez está um pouco contente."

Seja como for, hoje não chegou carta sua. E por fim, não lhe disse depois de tudo o que na realidade queria dizer-lhe. Na próxima. Tenho tantos, tantos desejos de saber algo de você amanhã, as últimas palavras suas que pude ouvir antes que a porta se fechasse — tódas as portas são abomináveis — foram terríveis.

Seu, F.

* * *

Segunda-feira

Aqui vai a explicação que eu lhe prometi ontem:

Não quero (Milena, ajude-me! Compreenda ainda além do que lhe digo!) não quero (isto não é gagueira) ir a Viena porque não poderia suportar a tensão mental. Estou mentalmente enfermo, a enfermidade dos pulmões não é mais do que um extravasamento da enfermidade mental. Estou assim doente desde os quatro ou cinco anos de meus dois primeiros noivados. (Não podia explicar-me a alegria de sua última carta, pelo menos no primeiro momento; apenas mais tarde encontrei a explicação, que constantemente esqueço: você é na realidade tão jovem, talvez tenha apenas vinte cinco anos, tal-

(1) Não compreendo.

vez vinte e três. Eu tenho trinta e sete, quase trinta e oito, quase levo sobre você uma vida inteira, uma breve geração, quase tenho o cabelo branco de antigas noites e antigas dores de cabeça.) Não quero estender diante de você a longa história, com suas verdadeiras florestas de pormenores, que ainda me inspiram terror, como a uma criança, embora eu careça da capacidade de esquecimento das crianças. As três histórias de noivados tiveram uma trilha em comum: que fui total e indubitavelmente culpado de tudo, as duas jovens (1) sofreram por minha culpa, e em verdade — falo aqui sòmente da primeira, da segunda não posso dizer nada, é muito sensível, e uma só palavra, ainda a mais afetuosa, seria para ela a mais tremenda ofensa, compreendo-o bem — e em verdade apenas por ela (ainda que se eu tivesse querido talvez ela se houvesse sacrificado) eu não podia sentir-me definitivamente contente, tranqüilo, decidido, capaz de enfrentar o casamento, embora lho prometesse sem cessar, pela minha própria, absolutamente própria vontade, embora às vezes me sentisse desesperadamente apaixonado, embora não me supusesse nada mais digno de meus esforços que o casamento em si. Torturei-a durante quase cinco anos (ou se você quiser, me torturei), mas por sorte era irrompível, de cruzamento judeu-prussiano, uma mescla vigorosa e invencível. Eu não era tão forte quanto ela, de qualquer modo ela unicamente sofria, em troca eu feria e sofria.

* * *

Basta, não posso escrever mais, não posso continuar explicando, embora devesse descrever-lhe minha enfermidade mental, embora tivesse que enumerar os outros motivos que impedem minha visita; acaba de chegar um telegrama: "Encontro-te Karlsbad oito. Rogo confirmação por carta." Confesso que quando o abri pareceu-me uma cara terrível, embora por trás está o ser mais altruísta, mais delicado e mais modesto do mundo, e embora tudo isto em realidade seja conseqüência de meus próprios desejos. Não posso explicar-lhe isto agora, porque teria de explicar-lhe preliminarmente minha enfermidade. Até agora o certo é que na segunda-feira eu parto; olho às vezes o telegrama e não posso quase lê-lo, como

(1) Kafka comprometeu-se duas vezes com a mesma jovem.

se contivesse uma mensagem secreta que apaga as outras palavras e me clama: Vai-te a Viena! Aparentemente é uma ordem, mas sem êsse quê tão terrível das ordens. Não o farei, mesmo sob o ponto de vista prático é insensato, em lugar de tomar o caminho mais curto por Munique, ir a Linz, uma rota duas vezes mais comprida, e dali continuar desviando-me para Viena. Faço uma prova: no balcão está um gorrião, espera que lhe atire algumas migalhas da mesa; em vez de fazer isso, atiro o pão para o meu lado, no chão, em meio da sala. O gorrião permanece fora, contempla na penumbra o seu alimento, sente-se enormemente atraído, sacode-se, está mais aqui do que ali, mas aqui estão as sombras, e, junto ao pão, o poder misterioso, eu. Não obstante, cruza com um salto o umbral; dá alguns saltinhos mais, mas não se atreve a continuar avançando, repentinamente espantado voa. Mas quanta energia existe nesses miseráveis passarinhos; após um instante reaparece, estuda a situação; espalho algumas migalhas mais, para facilitar-lhe o problema e... se eu, meio consciente e meio inconscientemente — assim agem os poderes misteriosos — não tivesse realizado um pequeno movimento, teria êle levado o pão.

A questão é que minha licença termina em fins de junho; como transição — além do mais aqui já faz demasiado calor, o que de todos os modos não me incomodaria muito — gostaria de passar alguns dias em algum outro lugar. Também ela quer viajar, deveríamos encontrar-nos ali, eu ficaria alguns dias e depois talvez, alguns dias mais em Konstantinsbad, com meus pais; depois voltaria a Praga; quando considero estas viagens e comparo-as com o estado de minha cabeça sinto-me como teria se sentido Napoleão se ao preparar os planos da campanha da Rússia tivesse sabido perfeitamente, ao mesmo tempo, qual seria o resultado.

Aquela vez, quando chegou sua primeira carta, creio que foi pouco antes do projetado casamento (cujos planos, de resto, foram todos obra minha), alegrei-me e mostrei-lha. Mais tarde... não, nada mais, e não tornarei a rasgar esta carta, parece que possuímos qualidades comuns, apenas que eu não tenho nenhuma estufa à mão, e por certos indícios aterra-me a possibilidade de ter enviado alguma vez à moça em questão uma carta escrita no verso de uma destas cartas inconclusas.

Mas tudo isto não tem importância, mesmo sem o telegrama não teria podido ir a Viena, embora o oposto seja verdade, o telegrama antes me parece um argumento a favor da viagem. É absolutamente certo que não irei, mas se por um azar — que não acontecerá — eu me achasse de súbito, com grande assombro, em Viena, nesse caso não requeria nem almoço nem ceia, porém antes uma cama, para poder estender-me um pouquinho.

Até logo, esta não será uma semana fácil para mim.

Seu, F.

Se quiser mandar-me uma linha para Karlsbad, escreva-me para a Posta Restante. Não, melhor para Praga.

Que escolas monstruosas são essas onde você leciona, duzentos alunos, cinqüenta alunos. Gostaria de estar sentado junto à janela, na última fila, durante uma hora inteira; então renunciaria a todo encontro com você (o que por outro lado e sem necessidade de renúncia não acontecerá) renunciaria a tôda viagem e... basta, êste papel branco, que não quer terminar, queima os olhos a uma pessoa, e por isso ela escreve.

* * *

O escrito anterior foi à tarde, agora são quase onze da noite. Já arrumei tudo do único modo que no momento me pareceu possível. Telegrafei para Praga, avisando que não posso ir a Karlsbad, depois lhe explicarei alegando meu estado desastroso, o que em sentido é muito certo, mas em outro sentido carece de lógica, porque justamente por causa desse estado projetava ir a Karlsbad. Assim brinco com um ser humano. Mas não pôsso fazer outra coisa, já que em Karlsbad não poderia nem falar nem calar, ou, antes: falaria, mesmo quando calasse, já que agora não sou mais do que uma única palavra. É indubitável que não passarei por Viena, em troca irei na segunda-feira, via Munique, ainda não sei para onde, se a Karlsbad ou a Marienbad; de qualquer modo irei sòzinho. Escrever-lhe-ei; apenas receberei carta sua em Praga, dentro de três semanas.

* * *

Sábado

Constantemente me pergunto se terá compreendido que, devido à minha situação, minha resposta não podia ser outra; ainda mais, que foi demasiado suave, demasiado enganadora, de cores por demais formosas. Constantemente, dia e noite, mo pergunto, esperando temeroso sua resposta; pergunto-me isso inutilmente, como se me tivessem ordenado martelar durante tôda uma semana, sem descansar às noites, um prego em uma pedra, e eu fôsse o prego e o operário ao mesmo tempo. Milena!

* * *

Segundo um rumor — não posso acreditar nele — esta tarde se interromperá por causa da greve a comunicação ferroviária com o Tirol.

* * *

Sábado

Chegou sua carta, a felicidade de sua carta. Além de tudo o que contém, existe algo que se destaca especialmente: que talvez não possa continuar escrevendo-me em Praga. Assinalo-o por cima de tudo, para que o mundo inteiro o veja tal como é; também você, Milena. Assim se ameaça então a uma pessoa, mesmo sabendo, pelo menos à distância, quais são os motivos dessa pessoa. E para cúmulo se menciona o afeto que se sente por essa pessoa.

Mas talvez tenha razão ao não me escrever mais, várias frases de sua carta exprimem essa necessidade. Não posso alegar nada contra elas. E justamente nelas onde vejo e reconheço com seriedade que estou nas alturas, mas justamente por isso o ar é demasiado rarefeito para meus pulmões, e devo dar-me um descanso.

Seu, F.

Amanhã lhe escrevo.

* * *

Sábado

Hoje, algo que talvez esclareça muitas coisas, Milena (que nome cheio e rico, tão cheio que quase não se pode levantar;

a princípio não me agradava muito, parecia-me uma grega ou uma romana perdida por equívoco em Boêmia, violada pelos checos, traída pelo acento, e contudo uma mulher de cor e formas maravilhosas, uma mulher que se deve levar nos braços para arrancá-la ao mundo, ao fogo, não sei a que, enquanto ela abraça dócil e confiante; apenas o acento no "i" é incômodo (1), não se escapa de ti o nome de um salto? Ou será talvez o salto da felicidade que inspiras com teu peso?):

Escreves duas espécies de cartas, não me refiro às escritas com tinta e com lápis, ainda que também o lápis signifique muito e faz com que se preste mais atenção; mas essa diferença não é decisiva, a última carta com o plano do apartamento está escrita com lápis, por exemplo, e contudo me faz feliz; com efeito, as cartas que me fazem feliz (compreende, Milena, minha idade, minha deterioração física e especialmente meu medo, e compreenda tua juventude, tua frescura, tua coragem; e meu medo, por outra parte, aumenta constantemente, porque significa um afastar-se do mundo, portanto um recrudescimento de sua pressão, e portanto um recrudescimento do medo; em troca tua coragem significa um avanço, portanto uma diminuição da pressão, e portanto um aumento da coragem) são as cartas pacíficas; aos pés dessas cartas eu poderia permanecer horas, infinitamente feliz, são como a chuva sôbre a fronte ardente. Mas em troca, quando chegam essas outras cartas, Milena, e embora em essência são dispensadoras de felicidade tanto quanto as primeiras (mas devido à minha fraqueza não consigo penetrar até sua felicidade, senão após alguns dias), essas cartas que começam com exclamações (e estou afinal de contas tão distante) e que terminam com não sei que terrores, então, Milena, começo a tremer fìsicamente como sob a campainha de alarme, não posso lê-las e contudo as leio, naturalmente, assim como um animal sedento bebe, e ao mesmo tempo surge o temor, e mais temor, procuro um móvel para arrastar-me para baixo dele, e tremendo e quase inconsciente rogo no canto que assim como te abalançaste na carta consigas tornar a sair voando pela janela, não posso depois de tudo abrigar uma tempestade em meu quarto; nessas cartas tens, sem dúvida, a tremenda cabeça de Medusa, as víboras do terror silvam ao redor de tua fronte, e ao redor da minha, não menos selvagemente, as do medo.

(1) "Milena" acentua-se na primeira sílaba.

(À margem, à esquerda.) A carta da sexta-feira chegou na quarta-feira; as cartas expressas e as registradas demoram mais do que as comuns.

* * *

Tua carta de quarta-feira, quinta-feira. Mas, criatura, criatura (na realidade sou eu a criatura, que fala assim à Medusa)! Tomas a sério todas minhas estúpidas brincadeiras (sôbre **zid** e **nechápu** e "ódio"), apenas quis fazer-te rir um pouco, não nos compreendemos por temor; por favor, não me obrigues a escrever em checo, não havia nisso nem a sombra de uma censura, antes poderia censurar-te que tens demasiado boa opinião dos judeus que conheces (eu incluso) — existem outros! —, às vezes gostaria de enfiá-los, em sua qualidade de judeus (eu incluso), no caixão de roupas e esperar, e abrir um pouco o caixão, para ver se já se sufocaram todos; e, se ainda resta algum, tornar a fechar o caixão e continuar assim até o final.

O que te disse de teu "sermão" era de todos os modos sério (1) (constantemente se desliza essa palavra na carta. Talvez eu proceda horrìvelmente mal com ele — não quero nem pensar nisso —, mas quase tão forte como essa idéia é a sensação de que agora estou unido a ele, cada vez mais estreitamente, quase digo: na vida e na morte. Se pudesse falar com ele! Mas tenho-lhe medo, é muito superior a mim. Sabes, Milena, que ao aproximar-te dêle desceste muito baixo de teu nível, mas que se viesses a mim seria como saltar ao abismo? Sabes disso? Não, não era minha a "altura" da outra carta, porém tua), falava do "sermão"; estou certo de que foi a sério, nisso não poderia equivocar-me, apesar de tudo.

* * *

Novamente me falas de tua enfermidade. Milena, se tivesses que permanecer na cama. E talvez devesses fazê-lo. E talvez estejas de cama, enquanto te escrevo estas palavras. Não te parece que eu era muito melhor há um mês? Preocupava-me por ti (embora apenas com o pensamento), interessava-me pela tua enfermidade, já não me interesso mais, agora somen-

---

(1) O marido de Milena chamava-se Ernst, que quer dizer **sério.**

te penso em minha enfermidade e em minha cura, e as duas, em última instância, tanto a primeira como a segunda, és tu.

F.

Hoje fiz uma pequena excursão, para afastar-me um pouco deste ar que não me deixa dormir, com meu engenheiro favorito. Escrevi-te um cartão postal dali, também, mas não pude assiná-lo e mandá-lo, já não posso escrever-te como a uma desconhecida.

Segunda-feira

Esta manhã, pouco antes de acordar (quer dizer, pouco depois de ter conciliado o sono), tive um sonho horrível, para não dizer aterrador (por sorte a impressão dos sonhos se dissipa rapidamente), portanto, um sonho horrível. Depois de tudo, também devo lhe agradecer que me tenha permitido dormir um pouco, de um sonho semelhante desperta-se somente quando já se dissipou totalmente, antes não se pode desprender, é-se retido pela língua.

Era em Viena, tal como eu a represento quando sonho acordado, quando prevejo a possibilidade de uma visita (nesses sonhos de vigília Viena consiste simplesmente em uma pracinha tranqüila, de um lado está tua casa, em frente o hotel onde me instalarei, à esquerda do mesmo a estação de Oeste, por onde chega o meu trem, à esquerda (sic) a estação de Francisco José, de onde parto, sim, e na parte baixa de minha casa, como um sinal de cortesia, existe além disso um restaurante vegetariano, onde como, não por comer, porém para voltar a Praga com alguma espécie de peso. Por que te conto tudo isto? Na realidade não pertence ao sonho; evidentemente ainda me inspira medo). Não era por certo exatamente assim no sonho, era a verdadeira grande cidade, quase ao anoitecer, molhada, escura, vagamente se percebia muito movimento; a casa onde eu vivia estava separada da tua por uma longa extensão quadrangular, evidentemente um jardim. Eu chegara repentinamente a Viena, precedendo várias cartas que te escrevera e que ainda estavam em caminho (o que mais tarde me causava grande aborrecimento). De todos os modos, tu o sabias, devíamos encontrar-nos. Por sorte (embora ao mesmo tempo me sentia muito incomodado) não estava sozinho, comigo havia um pequeno grupo, também uma jovem, creio, mas não a recordo bem, em certo modo me serviam de escolta. Se pelo menos tivessem ficado calados, mas falavam todo o tempo entre si, provavelmente sobre assuntos meus, eu apenas ouvia um murmúrio que me punha nervoso, mas não compreendia nada, nem tampouco queria compreender.

Eu estava à direita de minha casa, sobre o fio do passeio lateral, e observava a tua. Era uma casinha baixa, com uma formosa e singela galeria curva de pedra na frente, que chegava até o segundo andar.

Pois bem: de repente era a hora do café da manhã, estendiam a mesa na galeria, de longe eu via entrar o teu marido, sentava-se à direita em uma cadeira de palhinha, ainda estava meio adormecido e espreguiçava-se estendendo os braços. Depois entravas tu e sentavas-te do outro lado da mesa, de modo que eras vista inteiramente. Mas não em pormenor, era tão distante, a silhueta de teu marido destacava-se muito mais claramente, não sei por que, tu eras apenas uma forma branco-azulada, fluida, fantasmagórica. Também tinhas os braços estendidos, mas não para espreguiçar-te, era antes uma posição cerimoniosa.

Pouco depois era novamente o anoitecer anterior, novamente estavas na rua comigo, no fio da calçada, eu com um pé na calçada, davas-me a mão; de súbito começou uma conversação insensata, rápida, de frases curtas, perfeitamente alternada, que durou quase ininterruptamente até o final do sonho.

Não poderia repeti-la, na realidade apenas recordo as duas primeiras e as duas últimas frases, todo o trecho intermediário era um único tormento, impossível explicá-lo com mais clareza.

Em lugar de saudar-te disse-te rapidamente, persuadido por algo que via em tua expressão: "Julgavas-me diferente"; respondeste-me: "Para ser sincera, pensava que eras mais bem moço" (em realidade empregaste uma expressão mais vienense ainda, mas não a recordo).

Estas foram as duas primeiras frases (ocorre-me falando disso: sabes que na realidade sou totalmente amusical, de uma amusicalidade tal que em toda minha experiência não encontrei outra mais completa?), com elas tudo ficava decidido na realidade, que poderia vir depois disso? Mas então começaram as discussões sobre um novo encontro, de tua parte expressões infinitamente vagas; incessantes, ansiosas perguntas da minha parte.

Agora se interpunham meus acompanhantes, sugeriam que eu viera a Viena com a intenção de visitar além do mais escola de agricultura nas proximidades da cidade, depois de tudo parecia que me restava tempo para fazê-lo, evidentemente queriam afastar-me dali por piedade. Eu percebia, mas acompanhava-os até a estação, provavelmente porque esperava impressionar-te com a minha decisão. Chegamos todos à estação próxima, mas então aconteceu que já tinha esquecido o nome do lugar onde ao que parece se encontrava a escola. Detivemo-nos frente aos grandes horários, alguém apontava constantemente com o dedo os nomes das estações e me perguntava se era esta, ou aquela, mas não era nenhuma dessas.

Enquanto isso podia contemplar-te um pouco, embora na realidade não me importava em absoluto teu aspecto, apenas me importava o que dizias. Estavas um pouco diferente, em todo caso com a cara muito mais escura, mais magra, uma pessoa com as faces redondas não teria podia aparecer tão cruel. (Mas eras realmente tão cruel?) Teu vestido, insolitamente, era do mesmo gênero que o meu traje, além do mais era muito masculino e no fundo não me agradava nada. Mas depois recordei uma frase de uma carta (o verso: apenas tenho dois vestidos e contudo estou bela), e tão grande era o poder de tuas palavras sobre mim que desde esse momento o vestido me agradou muito.

Mas aproximava-se o fim, meus acompanhantes continuavam esquadrinhando ainda o horário dos trens, nós estávamos a um lado, e discutíamos. A última frase da discussão era esta, mais ou menos: o dia seguinte era domingo; era para ti incompreensível até a repugnância que eu pretendesse que tivesses tempo para ver-me um domingo. Finalmente cedeste, ao que parece, e disseste que me sacrificarias uns quarenta minutos. (O terrível desta conversação não era por certo as palavras, porém o fundo, a inutilidade de tudo; além do mais, teu argumento constante e silencioso: "Não quero ir. Portanto, de que te pode servir que eu vá?") Mas em que momento terias livres esses quarenta minutos não me era possível averiguá-lo. Não o sabias; apesar das longas reflexões, ao que parecia intensas, não podias determiná-lo com precisão. Por fim te perguntei: "Terei então que te esperar durante todo o dia?" "Sim", disseste e te voltaste para um grupo de pessoas que te esperava, ali próximo. O sentido da resposta era que não virias de modo algum, e que a única concessão que podias fazer-me era permitir-me que te esperasse. "Não te esperarei", disse em voz baixa, e como pensei que não me tinhas escutado, e contudo era meu último triunfo, voltei a gritá-lo a ti enquanto te afastavas, desesperada. Mas não te importava nada, já tudo isso te era indiferente. De algum modo regressei cambaleando para a cidade.

* * *

Poucas horas depois chegaram cartas e flores, bondades e consolo.

Teu F.

Novamente os endereços são indecifráveis, Milena, o correio teve de corrigi-los ao completá-los. Depois de meu primeiro pedido, os endereços eram preciosos, um mostruário de formosas e variadas letras, embora tampouco muito legíveis ainda. Se o correio tivesse meus olhos talvez apenas pudesse ler teus endereços e nenhum outro. Mas como é o correio...

* * *

Segunda-feira

Tens razão, há um instante — por infelicidade as cartas chegaram de noite, tarde, e amanhã pela manhã farei uma pequena excursão a Bolzano com o engenheiro —, enquanto lia a censura sobre o "criaturinha", pensei realmente: basta, não podes ler esta carta hoje, tens que dormir um pouco se queres fazer essa excursão amanhã pela manhã; depois de um momento continuei lendo e compreendi, e dissipou-se a tensão, e se tivesses estado aqui (o que não se refere somente à proximidade material) teria escondido o rosto com um suspiro de alívio em teu seio. Isso é realmente estar enfermo, não é verdade? Não obstante, te conheço e sei também que "criaturinha" não é um apelativo tão temível. Também eu entendo as brincadeiras, mas tudo pode converter-se para mim em ameaça, ao mesmo tempo. Se me escreves: "Ontem contei os "e" de tua carta, tantos; como te atreves a escrever-me esses "e", e exatamente tantos"; e supondo que prossigas falando a sério, convenço-me que realmente te insultei e sinto remorsos Depois de tudo, bem poderia ser um insulto, é difícil prová-lo.

Além do mais, não deves esquecer que a brincadeira e o sério são sem dúvida fáceis de diferençar em si, mas quando se tratam de pessoas tão importantes para alguém que até sua própria vida depende delas, já não é tão fácil, o risco é demasiado grande, olha-se com olhos de microscópio, e desde que alguém ponha esses olhos já não percebe nada. Nesse sentido, tampouco em minhas épocas de vigor eu era muito forte. Por exemplo, quando estava no primeiro grau. A cozinheira de casa, uma mulher baixa, seca, fraca, de nariz em ponta e faces encovadas, amarelenta, mas firme, enérgica e dominante, me levava todas as manhãs à escola. Vivíamos nessa casa que separa o grande Ring do pequeno. Portanto, passávamos primeiro pelo Ring, depois pela Teingasse, depois por uma espécie de arcada entrávamos na Fleischmarktgasse, até chegar ao Mercado, do outro lado. E isto se repetia todas as manhãs, exatamente, durante um ano inteiro. Ao sair de casa a cozinheira dizia que contaria ao professor como eu tinha me portado mal. Pois bem, eu não era, provavelmente, capaz de me portar mal, mas sim era obstinado, inútil, melancólico, antipático, e com todas essas qualidades era sempre possível confeccionar alguma bonita alegação ao professor. Eu sabia-o e portanto não levava em brincadeira a ameaça da cozinheira. Mas também eu acreditava, antes de tudo, que o caminho para a escola era incomensuravelmente longo, que portanto podiam acontecer ainda muitas coisas (deste espírito infantil, na aparência, foi surgindo pouco a pouco, já que na realidade nenhum caminho é incomensuravelmente longo, minha timidez e minha lúgubre gravidade); de modo que duvidava, pelo menos até o Altstädter Ring, que a cozinheira, evidentemente uma pessoa respeitável, mas apesar de tudo uma pessoa respeitável em minha casa, se atrevesse a falar com a pessoa universalmente respeitável de meu professor. Talvez eu falasse algo nesse sentido, e então a cozinheira me respondia, de hábito laconicamente, com o laconismo de seus lábios finos e implacáveis, que não devia dar-me ilusões, porque não deixaria de lhe dizer. Mais ou menos próximo da entrada à Fleischmarktgasse — ainda não possuía para mim nenhum significado histórico, em que rua vivias quando menina? — o temor à ameaça predominava. Já por si mesma era a escola um lugar de terror, e ainda queria piorá-lo a cozinheira. Eu começava a suplicar, ela meneava a cabeça, quanto mais lhe suplicava tanto mais importante me parecia o motivo de minha súplica, tanto maior o perigo; eu me plantava na rua e rogava que me perdoasse, a mulher me arrastava, eu ameaçava-a com vingar-se através de meus pais, ela ria-se, por esse lado era todapoderosa, eu me segurava às portas das casas comerciais, aos pilares das esquinas, não queria seguir adiante, enquanto não me perdoasse, puxava-a pela roupa (a situação não era tampouco muito cômoda para ela), mas a mulher continuava arrastando-me e assegurando-me que também isto ela contaria ao professor; fazia-se tarde, davam as oito horas na Jacobskirche, ouvia-se a campainha da escola, outros meninos punham-se a correr, cada vez eu tinha mais medo de chegar tarde, agora devíamos correr também nós, e constantemente a reflexão: "dirá, não dirá"... Lem, não o dizia, nunca o disse, mas a possibilidade sempre existia, e em verdade uma possibilidade ao que parece cada vez maior para ela (ontem não disse nada mas hoje eu o direi com toda a certeza), que não se desvanecia um instante. E às vezes — imagina isso, Milena — a mulher golpeava o chão com os pés, furiosa comigo, e também, em alguma parte, uma carvoeira olhava-nos. Milena, que tolices, e como te pertenço com todas as cozinheiras e as ameaças e toda essa poeira imensa que meus trinta e oito anos agitaram e que se deposita nos pulmões.

Mas nada disso é o que eu queria dizer, ou pelo menos queria dizê-lo de outro modo, já é tarde, devo terminar para ir-me deitar, e não poderei dormir pensando que interrompi a carta. Se alguma vez quisesses saber como era minha vida em outras épocas, mandar-te-ei de Praga a carta gigantesca que há cerca de meio ano escrevi a meu pai (1), mas que ainda não lhe entreguei.

E amanhã responderei tua carta, ou se eu voltar muito tarde, depois de amanhã bem cedo. Fico alguns dias mais, porque renunciei à visita a meus pais, que estão em Franzesbad, embora na realidade não se possa chamar de renunciar ao simples fato de permanecer recostado no balcão.

E ainda uma vez, obrigado pela tua carta.

F.

(1) Ver **Carta a meu Pai e outros escritos.**

Têrça-feira

Esta manhã tornei a sonhar contigo. Estávamos sentados juntos, e tu me afastavas, não com maus modos, porém amavelmente. Eu me sentia muito infeliz. Não porque me afastasses, porém por minha culpa, porque te tratava como a uma silenciosa qualquer, e não percebia a voz que falava em ti, que justamente me falava, a mim. Ou talvez não fosse que não a percebesse, porém que não pudesse responder. Mais desconsolado ainda do que no outro sonho, eu me ia.

Ocorre-me à memória algo que uma vez li em alguma parte, mais ou menos assim: "Minha amada é uma coluna de fogo, que se traslada pela terra. Agora me tem prêso. Mas não conduz aqueles que prendeu, porém aos que a vêem."

Teu.

(agora perco também o nome; cada vez se torna mais breve e chegou a ser somente: Teu).

* * *

Quarta-feira

As duas cartas chegaram juntas, ao meio-dia; não são para serem lidas, é preciso desuni-las, enterrar o rosto nelas e perder a razão. Mas agora acontece que é melhor tê-la perdido, porque então é possível impedir por um instante, de algum modo, a derrocada do restante. E por isso meus trinta e oito anos de judeu exclamam diante de teus vinte e quatro de cristã:

Como é isso? E onde estão as leis do universo e a íntegra política do céu? Tens trinta e oito anos e estás tão cansado que provavelmente nenhuma velhice poderia ter-te cansado tanto. Ou melhor dito: não estás em realidade cansado, porém inquieto, temes dar um só passo sobre esta terra pletórica de armadilhas, por isso permaneces com os dois pés no ar, ao mesmo tempo; não estás cansado, apenas temes a imensa fadiga que se seguirá a essa imensa inquietação (és apesar de tudo judeu e sabes o que é o temor) e que no melhor dos casos posso imaginar-me como um olhar fixo de idiota no manicômio atrás da Karlsplatz.

Bem, essa é portanto, tua posição. Algumas escaramuças venceste, com elas magoaste tanto a amigos como a inimigos (e não obstante apenas tinhas amigos, pessoas boas, amáveis, nenhum inimigo), até converter-te dêsse modo em um inválido, um desses que se põem a tremer quando vêem uma pistola de brinquedo, e somente agora, agora, repentinamente, sentes que acabam de convocar-te para a grande luta da redenção do mundo. Seria contudo notável, não é verdade? Pensa, além disso, recorda que talvez a melhor época de tua vida, da qual na realidade ainda não falaste com ninguém como devias, foram esses oito meses que há dois anos passaste em uma aldeia, onde acreditavas ter-te afastado para sempre de tudo e apenas reduzias ao que em ti era indubitável; eras livre, sem cartas, sem essa correspondência de cinco anos com Berlim, sob a proteção de tua enfermidade, tudo o que não te exigia maiores mudanças, somente encolher-te ainda mais dentro do antigo e angusto contorno de teu ser (tua cara, sob o cabelo cinzento, quase não mudou desde os seis anos).

Que isso não era o final, compreendeste-o infelizmente no curso deste ano e meio passado, difìcilmente podias descer mais naquela direção (exclúo o outono último, em que lutei com decência para conquistar o casamento), mais não podias enterrar a um ser humano, a uma jovem boa, amável, que se desmanchava em altruísmo, não, mais baixo era impossível, em todo sentido não te restava nenhum caminho expedito, nem sequer para o fundo.

Bem, e nesse momento te chamas Milena, com uma voz que te penetra com igual intensidade a mente e o coração. Naturalmente. Milena não te conhece, alguns relatos e algumas cartas a deslumbram; é como o mar, forte como o mar, com suas massas de água, e contudo, equivocada, capaz de precipitar-se com toda a sua força quando assim o quer a lua, já morta e essencialmente afastada de tudo. Não te conhece, e provavelmente por um pressentimento da verdade quer que vás. Que tua presença real já não poderá continuar deslumbrando-a, disso deves estar certo. Terminarás, alma delicada, por não ir por causa exatamente disso, porque é isso o que temes?

Mas por certo: tens cem outros motivos íntimos para não ir (realmente os tens), e além deles outro exterior, com efeito, que não estás em condições de falar com o marido de Milena, ou mesmo de vê-lo, e que menos ainda estás em condições de falar com Milena, ou de vê-la, se não estiver presente o seu marido; dando tudo isto por assentado, ficam ainda duas considerações em contrário:

Antes de tudo, se lhe dizes que vais, talvez Milena já não queira que vás, não por volubilidade de espírito, porém por cansaço, um cansaço natural, e te deixe, aliviada e encantada, ir aonde tu prefiras.

Segundo, suponhamos que vás realmente a Viena. Milena apenas pensa no momento em que se abrirá a porta. Indubitavelmente se abrirá, mas e depois? Depois aparecerá uma pessoa alta e magra, sorrirá cordialmente (isso fará sem a menor dúvida, é uma herança de uma velha tia, que também sempre sorria, mas em nenhum dos dois significa superioridade, porém timidez), e depois se sentará onde lhe indicarem. E ali terminará definitivamente a cerimônia, daí para a frente mal falará, falta-lhe a força vital necessária (meu nôvo companheiro de mesa no refeitório disse ontem, referindo-se ao regime vegetariano do homem calado: "Creio com firmeza que para o trabalho mental é absolutamente necessária a carne"), nem mesmo se sentirá feliz, também para isso lhe faltam as forças.

Já vê, Milena, falo-lhe com franqueza. Mas você é inteligente, constantemente percebe que embora lhe diga a verdade (a verdade completa, desnuda e literal), digo-a demasiado francamente. Sem estas declarações poderia ter ido e desencantá-la diretamente. Que não o tenha feito é simplesmente uma prova a mais de minha franqueza, de minha debilidade.

Permaneço ainda mais duas semanas, especialmente porque me envergonha e me dá medo retornar desta estação de cura com tão poucos resultados. Em minha casa, e o que é por demais irritante, também no escritório, esperam destas férias no campo algo assim como a cura completa. Que tortura essas perguntas! "Quantos quilos engordaste!" E se está magro. "Não faças economias!" (Isto está endereçado à minha avareza.) E pago a pensão, mas não posso comer. E brincadeiras semelhantes.

Teria tanto a dizer ainda, mas a carta não sairia nunca. Sim, uma coisa mais: Se depois destes catorze dias você se mantém tão firme como na segunda-feira em seu desejo de ver-me, irei.

Seu, F.

* * *

Ainda o sábado

Estes cruzamentos de cartas precisam terminar, Milena, enlouquecem-nos, não se sabe o que um escreveu nem o que foi respondido, e treme-se constantemente imaginando-se isto. Entendo muito bem o teu checo, também ouço os risos, mas em tuas cartas cavo um túnel entre a palavra e o riso, e por fim apenas ouço a palavra, e por outra parte é essa minha essência: Temor.

Não posso saber se depois de minhas cartas de quarta-feira e de quinta-feira ainda queres ver-me, conheço bem qual é minha relação contigo (**Me pertences,** embora não voltemos a nos ver nunca mais), conheço-a, até agora não tem nada a ver com o impenetrável reino do temor, mas em troça desconheço completamente tua relação comigo, porque pertence em tudo ao temor. Tampouco me conheces, Milena, repito-te.

(À margem esquerda). Sim, tampouco tu me compreendes, Milena, a "pergunta judia" apenas era uma estúpida brincadeira.

Para mim o que acontece é algo incrível, meu mundo se desmorona, meu mundo se reconstrói, fica atento (O imperativo é para mim) como farás para subsistir. Da derrocada não me queixo, já se desmoronava antes, mas me queixo da auto-reconstrução, queixo-me de minha debilidade, queixo-me de ter nascido, queixo-me da luz do sol.

Como continuaremos vivendo? Se dizes "sim" às minhas cartas, não podes continuar vivendo em Viena, é impossível.

Milena, não se trata disso, para mim não és uma mulher, és uma menina, a mais criança que já vi em minha vida, não me atreveria realmente a estender-te a mão, criança, esta mão suja, trêmula, mão de garra, vacilante, insegura, quente e gelada.

F.

* * *

No que diz respeito ao mensageiro de Praga, é um mau plano. Apenas encontrarás uma casa vazia. É meu escritório. Em troca estarei sentado no número 6 do Altstädter Ring, no terceiro pavimento, diante da escrivaninha, com a cara entre as mãos.

* * *

Quarta-feira

É difícil dizer a verdade porque, embora apenas exista uma, está viva e portanto tem uma face vivaz e cambiante ("realmente formosa, por certo que não, talvez bonita, às vezes"). Se tivesse te respondido durante a noite de segunda para terça-feira, teria sido horrível, estava estendido na cama como em uma mesa de torturas, passei a noite inteira respondendo-te, queixando-me diante de ti, procurando amedrontar-te para afastar tua imagem de mim, maldizendo-me. (A causa foi em parte ter recebido a carta já de noite, cuja proximidade me fazia sentir muito excitado e sensível a toda palavra austera.) Depois me fui, cedo, a Bolzano, segui com o trem elétrico até Klobenstein, a mil e duzentos metros de altura, respirei embora de todos os modos não fosse bastante para devolver-me a razão, èsse ar puro quase frio frente às primeiras cadeias dos Dolomitas; ao voltar te escrevi o que em seguida transcrevo, e mesmo isto me parece muito duro, pelo menos hoje, assim mudam os dias:

Por fim estou só, o engenheiro ficou em Bolzano, eu retorno. Não lamentei tanto o fato de que o engenheiro e estes lugares se interpusessem entre tu e eu, porque nem sequer me sentia comigo. Ontem permaneci até meia-noite e meia escrevendo-te e depois continuei pensando em ti; depois dormi alguns minutos, permaneci na cama até as seis e me ergui como quem afasta um desconhecido que dormiu ao seu lado; fiz bem, porque de outro modo teria perdido o dia em Merano, desconsoladamente, meditando e escrevendo em vão. Que desta excursão eu não tenha tido na realidade muita consciência, e que apenas subsista em minha lembrança como um sonho meio confuso, não tem importância. Passei semelhante noite porque tu com tua carta (tens um olhar penetrante, o que não importaria muito, apesar de tudo a gente se amontoa na rua e atrai sobre si os olhares, mas tu possuis a valentia de teu olhar e especialmente a força necessária para ver mais além do olhar; essa qualidade de ver mais além é o mais importante, e tu o sabes) tornaste a despertar todos esses antigos demônios que dormem com um só olho e com o outro espiam sua oportunidade, o que é realmente espantoso, faz suar de angústia (juro-te: somente diante deles, diante dos poderes incapturáveis), mas também é bom, é sadio, contempla-se seu desfile e se sabe que ali estão. Não obstante, tua interpretação de meu "Tens de ir a Viena" não convence totalmente. Não escrevi essas palavras frìvolamente, tampouco me assusta a carga material evidente (não ganho muito, mas será suficiente para os dois; naturalmente, sempre que não se interponha a enfermidade), e além disso sou franco, dentro do que minha capacidade de pensamento e de expressão mo permite (também o era antes, mas tu és a primeira que possui esse olhar verdadeiro e auxiliador que faz falta). O que eu temo, e temo-o com os olhos abertos, imerso em insensata angústia (se pudesse imergir-me no sonho assim como me afundo na angústia, cessaria de viver) , é somente essa íntima traição contra mim mesmo (que poderás compreender melhor quando leres a carta a meu pai, embora tampouco completamente, porque essa carta foi escrita tendo sobretudo em consideração seu propósito), o que por assim dizer se deve ao fato de que eu, que no grande jogo de xadrez não sou nem mesmo o peão de um peão, longe disso, pretenda agora, contudo, contra todas as regras e para confusão de todo o jogo, ocupar a casinha da rainha; eu, o peão dos peões, ou seja uma peça que nem sequer existe, que portanto não joga com as outras; e depois, talvez, também o lugar do rei, ou mesmo o tabuleiro todo; e ainda supondo que realmente o quisesse, tudo isto teria de acontecer de outra maneira, de uma maneira mais desumana.

Por isso a proposta que te fiz tem para mim um significado muito mais amplo que para ti. Para mim é momentaneamente o único indubitável, não enfermiço, incondicionalmente feliz.

* * *

Assim pensava ontem, hoje diria por exemplo que certamente irei a Viena, mas como hoje é hoje e amanhã é amanhã, ainda me permito a liberdade de duvidar. De qualquer modo, não chegarei inesperadamente, nem tampouco irei depois de quinta-feira. Se vou, mando-te uma mensagem (não poderia ver a ninguém além de ti, isso é indubitavel), com certeza não antes de terça-feira. Chegaria à estação do Sul; ainda não sei para onde irei, portanto me alojarei próximo da esta ção; é uma pena não saber onde dás essas aulas no Sul, porque então poderia esperar-te ali por volta das cinco. (Esta frase devo tê-la lido em uma lenda, certamente junto desta outra: se ainda não morreram, ainda vivem.) Hoje vi uma planta de Viena, durante um momento pareceu-me incompreensível que tenham construído uma cidade tão grande, quando tu apenas precisas de uma habitação.

F.

Acabo de ler a observação sobre a comida; sim, certamente também isso se arranjaria, já que eu me teria tornado pessoa tão importante. Leio as duas cartas como o passarinho que bica as migalhas de meu quarto, tremendo, vigiando, espionando, com todas as penas eriçadas.

* * *

Quinta-feira

Alguém é mais inteligente quando não pode dormir; ontem consegui dormir um pouco, imediatamente escrevi essas tolices sôbre a viagem a Viena. Apesar de tudo, essa viagem não é pouca coisa, não é algo que se presta a brincadeiras. Certamente, não irei sem avisar-te, isso é certo, tremo somente ao imaginar isso. Tampouco irei à tua casa. Se até quinta-feira não tiveres recebido uma carta-mensagem, significará que fui a Praga. Segundo me dizem agora, chegarei na realidade à estação de Oeste — creio que ontem te disse a do Sul —, é claro que não tem importância. Por outra parte, não sou muito mais descuidado, intransportável, pouco prático (sempre que tenha dormido um pouco) do que a grande maioria das pessoas; nesse sentido não deves te preocupar; uma vez que eu tome o trem que vai a Viena é muito provável que por fim desça em Viena, no fundo a única coisa que me importa é subir. Portanto, até a vista (mas não quer dizer necessariamente que seja em Viena, também pode ser em uma carta).

F.

E quanto ao que se refere ao nome Milena, não tem nada a ver com o alemão nem com o judeu. Os que melhor entendem o checo (excetuados os judeus checos, naturalmente) são os senhores do **Nase rec**, depois vêm os leitores da revista, e depois os assinantes, e eu sou um assinante... Nesta qualidade, digo-te que em checo o diminutivo de Milena só pode ser: Milenka. Agrade-te ou não te agrade, assim o diz a filologia (1).

Se eu for a Viena, telegrafar-te-ei ou escreverei ao escritório do correio. Terça ou quarta-feira. Com toda certeza franqueei todas minhas cartas, não se percebe no envelope que os selos foram descolados?

* * *

Sexta-feira à noite

Hoje cedo escrevi-te todas as tolices, agora me chegam tuas duas cartas preciosas e pletóricas. Respondê-las-ei verbalmente, que na terça-feira, se não acontecer nenhum imprevisto, tanto interior como exterior, estarei em Viena. Seria uma grande coisa se pudesse dizer-te hoje mesmo (parece-me que terça-feira é feriado, há possibilidades de que o escritório dos correios para onde pensava mandar-te um telegrama ou uma mensagem, depois de minha chegada a Viena, esteja fechado) onde te esperarei, mas morreria sufocado se hoje te designasse algum lugar e depois me visse obrigado durante três dias e três noites a continuar vendo esse lugar, um lugar vazio que aguarda que na terça-feira apareça eu em uma hora determinada. Na realidade, Milena, existe no mundo tanta paciência como a que necessito? Diga-mo na terça-feira.

K.

(Carta postal, de Viena)

Terça-feira, às dez

Esta carta não chegará provavelmente até as doze, ou, melhor dito, certamente; já são as dez. Portanto, será amanhã; talvez seja melhor assim; já estou realmente em Viena, sentado em um café da estação do Sul (que beberagem é esta, que são estes pastéis? e disto vives?), mas não estou to-

---

(1) Kafka insiste em que Milena é um nome latinizado. O diminutivo Milenka é, em troca, indubitavelmente checo e quer dizer "queridinha".

talmente aqui, há duas noites que não durmo, pergunto-me se poderei dormir a terceira noite, no **Hotel Riva,** junto à estação, onde me alojaram ao lado de uma garage. Nada de melhor me ocorre: espero-te quarta-feira desde as dez da manhã em diante, frente ao hotel. Por favor, Milena, não me surpreendas surgindo por trás ou de um lado, tampouco eu te farei isto. Hoje provavelmente visitarei os lugares importantes da cidade: a rua L. (1), o escritório dos correios, o bonde que vai da estação até a rua L., a carvoeira etc., o mais invisível que possa.

Teu.

* * *

(Praga) *Domingo* (2)

Hoje Milena, Milena, Milena... não posso escrever outra coisa. Mas tentemos. Hoje, portanto, Milena, apenas com pressa, cansaço e quase ausência (esta última pelo menos também amanhã). Como não estar cansado, prometem-lhe a um enfermo uma licença de três meses e lhe dão quatro dias, e de terça-feira e domingo somente um pedacinho, e além do mais lhe suprimem a manhã e a noite. Não tenho razão de não me ter curado? Não tenho razão? Milena! (Dito em teu ouvido esquerdo, enquanto jazes sobre a pobre cama em um profundo sono de excelente origem e lentamente, sem o saber, voltas-te da direita para a esquerda para a minha boca.)

A viagem? A princípio foi bastante simples, na gare da ferrovia não pude conseguir nenhum periódico. Um motivo para ir-se, já não estavas ali, tudo era como devia ser. Depois tornei a subir, partimos, abri o diário para lê-lo, tudo continuava como devia ser, depois de um instante deixei de ler, de súbito não estavas mais ali, mas estavas muito mais, sentia-o em todo o meu ser, mas essa forma de estar era contudo muito diferente da dos quatro dias, e a princípio tive que me acostumar. Comecei a ler novamente, mas a nota do diário de Bahr (3) começava com uma descrição do balneário de Kreuz em Grein. Deixei de ler, mas ao olhar para fora

(1) A rua onde vivia Milena.
(2) Nesse ínterin tinham-se encontrado em Viena.
(3) As notas do diário de Hermann Bahr apareciam dominicalmente no **Neue Wiener Journal.**

passou um trem em direção oposta e no vagão se lia: Grein. Tornei a olhar para o interior de meu vagão. Diante de mim, um senhor lia o **Národni Listy** do domingo passado, vi nele um artigo de **Ruzena Jesenská**; peço-o emprestado, começo a lê-lo distraìdamente, deixo-o a um lado e fico vendó tua própria cara, tal como era no momento da despedida na estação. Um fenômeno natural, nessa gare, que eu não tinha nunca visto: a luz do sol, velada não pelas nuvens, mas por si mesma.

Que mais posso dizer? A voz não me obedece, as mãos não obedecem.

Teu.

Amanhã irá a notável história do resto da viagem.

* * *

Domingo, um pouco mais tarde (1)

Um mensageiro traz-me a carta que remeto anexa (por favor, destrua-a imediatamente, também a de Max (2), exige uma resposta imediata, escrevo-lhe que estarei ali por volta das nove. O que tenho a dizer é perfeitamente claro, como lho direi, não o sei. Santo céu, se estivesse casado e voltasse à minha casa e encontrasse a cama em vez do mensageiro, impossível esconder-se nela sem uma passagem subterrânea a Viena! Digo-me isto para convencer-me de quão fácil é a dificuldade que me espera.

Teu.

Mando-te a carta, como se assim pudesse conseguir que estejas especialmente próxima de mim, enquanto vou e venho diante dessa casa.

* * *

3) *Domingo, onze e meia*

Numero pelo menos esta carta, não se pode perder nenhuma, tampouco teria podido perder-te naquele parque.

---

(1) As cartas seguintes vêm de Praga.
(2) O novelista Max Brod.

Nenhum resultado, mesmo quando tudo é tão claro, e com tanta clareza lho expliquei. Não quero contar-te pormenores, a não ser que não disse nenhuma má palavra, nem mesmo à distância, sobre ti ou sobre mim. À força de clareza, eu não sentia nem mesmo piedade. Apenas pude dizer sem faltar à verdade que entre ela e eu nada mudou, e que nada mudará nunca; salvo..., mas basta, é horrível, é tarefa de verdugo, não minha. Somente isto, Milena: se está seriamente enferma (tem muito mau aspecto e está imensamente desesperada, amanhã à tarde tenho de ir vê-la novamente), se está, como dizia, enferma ou se lhe acontece alguma outra coisa, eu já não tenho nenhum poder para impedi-lo, porque somente posso continuar dizendo a verdade, constantemente, e essa verdade não é simplesmente uma verdade, porém algo mais, é estar dissolvido em ti embora ao lado dela eu esteja...; se algo acontece, então, Milena, tens de vir.

F.

Absurdo; por certo que não podes vir, pelo mesmo motivo. Amanhã mando-te a carta a meu pai, à tua casa, cuida dela, algum dia poderia sentir talvez desejos de lha mostrar. Não permitas se é possível que ninguém mais a leia. E procura compreender ao lê-la todas as argúcias legais, é uma carta de advogado. E não esqueças nunca, enquanto isso, a teu grande Não Obstante.

* * *

Segunda-feira pela manhã

Hoje mando-te o "pobre músico" (1), não porque tenha para mim qualquer significado especial, embora há muitos anos o teve. Não obstante mando-te porque é tão vienense, tão pouco musical, porque faz chorar, porque nos olhou de cima no Volksgarten (olhou-nos! Ias ao meu lado, Milena, imagina-te isso, estiveste ao meu lado), porque é tão burocrático e porque amou a uma jovem prática para os negócios.

* * *

(1) **Der arme Spielmann,** novela de Franz Grillparzer.

4) *Segunda-feira à tarde*

Hoje recebi a carta de sexta-feira, depois a de sexta-feira à noite. A primeira tão triste, essa cara triste da estação; não tão triste pelo seu conteúdo, porém porque envelheceu tudo o que já está tão distante, o bosque partilhado, o subúrbio partilhado, a viagem partilhada. Na realidade não termina nunca, essa viagem partilhada, reta, subindo pela rua de pedra, voltando pela avenida ao sol crepuscular; não cessa, e contudo é uma brincadeira tola dizer que não cessa. Aqui me rodeiam alguns documentos, algumas cartas, que acabo de ler, cumprimentos do diretor (não fui despedido), e outros diversos, e durante todo o tempo soa uma campainha no ouvido: "já não está a teu lado", de todos os modos existe também uma campainha poderosa em algum lugar do céu que diz: "não te abandonará"; mas a campainha está quase dentro do ouvido. E depois está a carta da noite; é incompreensível que se possa lê-la, incompreensível que o peito possa expandir-se e contrair-se suficientemente para respirar esse ar, incompreensível que se possa estar tão distante de ti.

E não obstante não me queixo, nada disto é uma queixa, e tenho Tua Palavra.

* * *

Agora a história da viagem, e depois dirás que não és um anjo: eu bem sabia que a visação austríaca de meu passaporte, em realidade (e também sob qualquer ponto de vista), havia transcorrido dois meses, mas em Merano tinham-me dito que para uma viagem em trânsito não era essencial, e, com efeito, ao entrar na Áustria nada me disseram. Por isso em Viena me esqueci completamente dessa deficiência. Mas em Gmünd, na fronteira, o empregado — um homem jovem, duro — descobriu-a imediatamente. Guardou o passaporte, todos seguiram para a revisão aduaneira, menos eu, isso era já bastante desagradável (durante todo o tempo me interrompem, ainda que hoje seja meu primeiro dia de trabalho, ainda não me comprometi a escutar os falatórios do escritório, e durante todo o tempo vêm e querem afastar-me de ti, quer dizer, afastar-te de mim, mas não o conseguirão nunca, Milena, não é verdade? Ninguém, nunca). Assim estavam as coisas, mas de súbito começas a agir. Aparece um policial de fronteira — amável, franco, austríaco, compassivo, cordial — e sigo-o pela escadinha e os corredores até a Inspeção de Fronteira. Ali me encontro com uma infratora semelhante, uma judia rumena, que por obra do mistério também é tua amistosa emissária, anjo dos judeus. Mas as forças contrárias são ainda mais poderosas. O grande inspetor e seu pequeno adjunto, ambos amarelos, fracos, encolhidos, pelo menos nesse momento, tomam o passaporte. O inspetor decide imediatamente a questão: "Tem que regressar a Viena e fazê-lo visar pela Polícia!" Apenas consigo dizer-lhe, várias vezes: "Isso para mim é um desastre." O inspetor responde-me também várias vezes, irônica e malignamente: "É o que o senhor imagina." "Não se pode conseguir o visto por telégrafo?" "Não." "Mesmo pagando todos os gastos?" "Não." "Não há nenhum funcionário superior, para o qual se possa apelar?" "Não." A mulher, que percebe meu pesar e se mantem magnìficantemente silenciosa, roga ao inspetor que pelo menos deixe passar a mim. Intercessão muito débil, Milena! Assim não conseguirás fazer-me passar. Tenho de percorrer novamente todo o longo caminho até o escritório de fronteira, recolher minha valise; por hoje, não há mais esperança de prosseguir a viagem. Os dois ficamos sentados no escritório de Inspeção de Fronteira; o policial nada pode fazer para nos consolar, apenas dizer que a validez dos passaportes pode prolongar-se e coisas semelhantes; o inspetor disse sua última palavra e retirou-se para seu escritório particular, não fica senão o pequeno adjunto. Calculo: o próximo trem para Viena parte por volta das dez da noite, chego a Viena às duas e meia. Ainda me picam os insetos do Riva, como será meu quarto junto à estação de Francisco José? Mas, de todos os modos não conseguirei alojamento, portanto vou (sim, às duas e meia da madrugada) à rua L. e rogo que me dêem asilo (sim, às cinco da manhã. Mas, seja como for, é indubitável que tenho de fazer visar o meu passaporte na segunda-feira pela manhã (obtê-lo-ei logo e não terei de esperar até a terça-feira?) e logo ir à tua procura, surpreender-te quando abrires a porta. Santo céu! Nesse momento o pensamento se detém; depois prossegue. Mas, em que estado me encontrarei depois desta noite e da viagem, tendo de ir-me novamente à tarde, no trem das dezesseis? Como chegarei a Praga, e que dirá o diretor, já que agora tenho de voltar a telegrafar-lhe para lhe pedir nova prolongação da licença? Por certo que tu não queiras nada disso, mas então, que queres? Não há outro remédio. A única pequena possibilidade de alívio seria, ocorre-me, passar a noite em Gmünd e viajar para Viena pela manhã cedinho; já totalmente cansado pergunto ao silencioso adjunto a que horas há trem matutino para Viena. Às cinco e meia e chega por volta das onze. Bem, viajarei nele, e a rumena também. Mas aqui, repentinamente, a conversação toma uma direção inesperada, não sei como, o evidente é que de súbito descobrimos que o pequeno adjunto está disposto a ajudar-nos. Se passarmos a noite em Gmünd, pela manhã cedo nos permitirá, quando estiver sozinho no escritório, seguir viagem secretamente para Praga; com o trem mais lento, chegaríamos às quatro da tarde em Praga. Ao inspetor devemos dizer-lhe que voltaremos para Viena no trem da manhã. Esplêndido, na realidade relativamente esplêndido, porque apesar de tudo tenho de telegrafar para Praga. Paciência. Entra o inspetor, representamos uma pequena comédia com alusões ao trem matutino de Viena; depois o adjunto despede-nos, pela tarde temos que ir vê-lo em segredo para terminar de vez nosso assunto. Eu, com minha cegueira, creio que é tudo obra tua, quando na realidade é o último ataque das forças contrárias. Portanto, a mulher e eu saímos lentamente da estação (o rápido que devia seguir viagem conosco ainda estava ali, a revisão de equipagens requer tempo). A que distância fica a cidade? A uma hora. Também isso! Mas acontece que junto à estação existem dois hotéis, iremos a um deles. Diante do hotel passam algumas ruas, temos de cruzá-las, mas justo nesse momento aparece um trem de carga, tento cruzar rapidamente, mas a mulher me retem, o trem de carga detem-se mesmo diante de nós e temos que esperar. Uma pequena concessão mais à má sorte, pensamos. Mas esta espera, sem a qual não teria podido nunca chegar a Praga no domingo, é justamente o momento decisivo. Como se tu, do mesmo modo como percorreste os hotéis da estação de Oeste, tivesses percorrido agora todas as portas do céu, para interceder por mim; chega o polícia, que correu todo o caminho desde a estação, sem fôlego, fatigado, e grita: "Voltem depressa, o inspetor deixa-os passar!" Será possível? Um momento assim oprime a garganta. Temos de insistir dez vezes para que aceite uma propina. E agora, voltar correndo para recolher a bagagem na Inspeção, correr com ela ao escritório da Fronteira, e depois à revista das Aduanas. Mas já puseste tudo em ordem, quando não posso dar nem um passo mais com a valise aparece por acaso um jovem carregador ao meu lado; no escritório da fronteira a multidão me fecha a passagem, o policial me abre caminho; na revista aduaneira perco, sem perceber, o chaveiro com os gêmeos de ouro, um empregado o encontra e mo entrega. Chegamos ao trem e partimos imediatamente; por fim posso secar o suor do rosto e do peito. Não me abandones nunca!

F.

* * *

5) (creio) *Segunda-feira*

Naturalmente, teria de ir dormir, já é uma hora da madrugada, esta noite pensava escrever-te uma carta longa, mas veio Max, o que por outra parte me alegrou bastante; o assunto da moça e o pesar que esse assunto me causa tinham-me impedido até agora ir vê-lo. Até as oito e meia estive com a jovem, às nove chegou Max, logo estivemos dando voltas até as doze e meia. Imagina isto, embora eu acreditara ter-lhe revelado com deslumbrante clareza em minhas cartas, que não sabia que eras tu, tu, tu, — e a mão torna a deter-se um momento —, que eras tu a pessoa em questão; não o percebera, apenas agora se inteirou do nome (por outro lado não se lhe tinha escrito diretamente, porque sua mulher podia ler a carta). A jovem: hoje foi um pouco melhor, mas me custou nada menos que lhe permitir que te escreva. Arrependo-me muito. Um sinal de quanto me preocupa é o telegrama que hoje te mandei ao escritório dos correios ("A jovem escreve-te, responda-lhe amável e" — aqui na realidade queria acrescentar um "mui" — "energicamente e não me abandones"). Em conjunto hoje as coisas pareciam mais tranqüilas, forcei-me a falar-lhe, sem temor, de Merano, a atmosfera pareceu-me menos ameaçadora. Mas quando regressou voltamos a mencionar o tema fundamental — durante longos minutos todo seu corpo tremeu junto a mim em Karlsplatz —: apenas pude dizer que a teu lado tudo o restante, por pouco que tenha mudado, desaparece e se converte em nada. Sua última pergunta, ante a qual sempre me encontro indefeso, foi esta: "Não posso ir-me, mas se me expulsas me vou. Me expulsas?" (Afora a vaidade, é de certo modo profundamente desagradável que eu to conte; faço-o porque temo por ti. O que eu não faria por esse temor! Observa que estranho temor novo!)

(À MARGEM DIREITA) E apesar de tudo às vezes creio que se alguém pode morrer de felicidade é isso o que me acontecerá. E se alguém destinado à morte pode continuar vivendo de felicidade, continuarei vivendo.

Eu lhe respondi: "Sim." E ela: "E contudo não posso ir." E começou a explicar-me, falando acima de suas forças, que não podia compreender isso, que tu querias a teu marido e falavas comigo em segredo etc. Também disse algumas palavras malévolas contra ti, pelas quais teria querido e devido esbofeteá-la, mas não era meu dever permitir-lhe que se queixasse, ao menos isso? Disse que te escreveria, e eu, com a compaixão que me inspira e com minha infinita confiança em ti, dei-lhe permissão, dei-lhe permissão ainda que soubesse que me custaria o sono de muitas noites. Justamente porque essa permissão a tranqüilizou, me intranqüiliza. Mostra-te amável e enérgica, porém mais enérgica do que amável; mas, que estou dizendo? Como se não soubesse que lhe escreverás exatamente o que se deve escrever-lhe. E esse temor que sinto, de que ela em sua angústia te escreva algo malévolo, e com isso influa sobre ti, contra mim, não é acaso uma grande ofensa que te faço? É uma ofensa, mas que queres que faça, quando em lugar do coração bate-me no peito este temor? Não devia ter-lhe dado permissão. Amanhã voltarei a vê-la, é festa (é o aniversário de Huss), pediu-me com tanta insistência que saia a passeio com ela à tarde, embora depois não nos vejamos durante o resto da semana. Talvez possa dissuadi-la de escrever a carta, se não a escreveu já. Mas pensei que somente queria um esclarecimento, que talvez bastasse a amistosa energia de tuas palavras para tranqüilizá-la, que talvez... — assim divaga atualmente meu pensamento — caísse de joelhos diante de tua carta.

FRANZ

Outro motivo para permitir-lhe escrever-te: queria ver alguma das cartas que me escreveste. Mas não posso mostrar-lhas.

(6) *Terça-feira pela manhã*

Um pequeno golpe para mim: recebi um telegrama de Paris, segundo o qual um velho tio meu, que por outro lado me inspira muito afeto, que vive em Madrid e que desde há muitos anos não vem visitar-nos, chegará amanhã à noite. Um golpe, porque me tirará tempo, e eu necessito de todo o meu tempo e mil vêzes mais do que todo o meu tempo e se é possível todo o tempo que existe para dedicá-lo a ti, para pensar em ti, para respirar em ti. Além do mais, já não poderei estar tranqüilo em casa, especialmente à noite gostaria de ir a outra parte. Muitas outras coisas quisera mudar e suprimir de todo no escritório, embora na realidade penso que mereço uma bofetada quando expresso algum desejo de modificar o presente, êste presente que te pertence.

* * *

Não sei como, já não posso escrever-te de nada, salvo aquilo que está em relação conosco, apenas conosco, em meio do torvelinho do mundo. Tudo o restante é remoto. Injusto, injusto! Mas os lábios balbuciam, e o rosto se funde em teu seio.

* * *

Ficou-me de Viena uma amargura, posso dizer-ta? Acima, no bosque, no segundo dia, creio que disseste algo parecido a isso: "A luta pelo vestíbulo não pode durar muito". E agora na penúltima carta de Merano me falas da enfermidade. Como queres que concilie as duas coisas? Não o digo por ciúmes, Milena, não sou ciumento. Ou o mundo é tão diminuto, ou nós tão gigantescos, em qualquer caso o enchemos completamente. De quem queres que sinta ciúmes?

* * *

7) *Têrça-feira à noite*

Como vês, Milena, mando-te eu mesmo a carta e não sei o que diz ela. Aconteceu assim: Eu tinha-lhe prometido estar esta tarde, às três e meia, diante de sua casa. Íamos excursionar em vapor; mas na noite anterior deitara-me muito tarde e quase não dormira, portanto lhe mandei cedo uma mensagem, lhe disse que tinha que dormir um pouco pela tarde e que iria às seis. Em minha inquietação, que não se satisfazia com tôdas as cartas e telegramas de precaução, acrescentei-lhe: "Não mandes a carta a Viena sem antes falar comigo." Pois bem, meio enlouquecida, já escrevera a carta pela manhã — nem ela sabe o que escreveu — e tinha-a deitado no correio imediatamente. Ao receber minha mensagem, a pobre moça corre angustiada ao correio, consegue recuperar não sei como a carta, tão contente está que dá ao empregado todo o seu dinheiro, depois se apavora pelo que lhe aconteceu e à tarde me traz a carta. Que devo fazer agora? Minha esperança de uma solução rápida, definitiva e feliz depende, em verdade, da carta e do efeito de tua resposta; compreendo sim que é uma esperança insensata, mas é a única que tenho. Se eu agora abrisse a carta e a lesse antes de mandá-la, antes de tudo ela se ofenderia, e além do mais estou certo de que não poderia mais mandá-la. Portanto, entrego-ta fechada, completa e intacta, tal como ma deram.

Praga está um pouco melancólica, ainda não chegou nenhuma carta, o coração está um pouco pesaroso, é realmente impossível que hoje chegue alguma carta, mas procura explicar isso ao coração.

F.

* * *

8) *Terça-feira, mais tarde*

Mal enviei a carta, lembrei-me: Como pude pedir-te semelhante coisa? Além de que agir correta e adequadamente neste assunto é coisa que apenas a mim diz respeito, teria de ter pensado que talvez te seja impossível escrever e confiar uma resposta desse tipo a uma pessoa que não conheces. Portanto, Milena, esquece-te por favor das cartas e dos telegramas, atribui-os simplesmente à demência que me provoca a tua ausência; não importa que não respondas, já se encontrará outra solução. Não te preocupes. Sinto-me tão cansado destes passeios, hoje à costa de Wyschehrader, isso é o que acontece. Além do mais, amanhã chega meu tio, terei menos oportunidades de estar sozinho.

E para falar de algo melhor: sabes quando me pareceste em Viena melhor vestida, quer dizer, quase fabulosamente bem vestida? Sobre isso não há discussão: no domingo.

* * *

9) *Quarta-feira, à noite*

Apenas umas linhas rapidíssimas para inaugurar meu novo domicílio a toda velocidade, porque às dez chegam meus pais, de Franzensbad; às doze meu tio, de Paris, e tenho de ir esperá-los a todos; novo domicílio, porque me mudei para o apartamento vazio de minha irmã, que está em Marienbad, para deixar lugar a meu tio. Uma casa vazia e grande, isso me agrada, mas a rua é barulhenta; não obstante, não posso dizer que seja uma troca má. E tenho que te escrever, Milena, porque temo que de minhas últimas cartas de protesto (esta manhã rasguei a pior, de vingança; imagina, ainda continuo sem notícias tuas, mas é absurdo queixar-se do correio, que tenho a ver eu com o correio) possas deduzir que não tenho bastante confiança em ti, que temo perder-te; não, confio em ti. Poderias porventura ser o que és para mim, se não confiasse em ti? O que me provocou essa sensação foi a breve contigüidade corporal e a repentina separação física (por que justamente no domingo? Por que exatamente às sete? Por que tudo isso?), é compreensível que me tenha transtornado um pouco o juízo. Perdoa-me! E aceita agora como boas-noites, o rio de tudo o que sou e tudo o que tenho e tudo o que é beatìficamente feliz, para que descanse em ti.

F.

* * *

10) *Quinta-feira pela manhã*

A rua é barulhenta, além do mais estão construindo na esquina oposta, a casa de frente não é a igreja russa, porém um prédio de apartamentos cheio de gente; não obstante..., estar só em uma casa é talvez uma condição necessária da vida, estar só em uma casa — para ser exato: temporariamente — uma condição necessária da felicidade (**uma** condição, pois de que me serviria a casa se não vivesse, se não tivesse uma pátria onde descansar, por exemplo dois olhos espertos, celestes, animados de incompreensível piedade), mas assim a casa forma parte de minha felicidade, tudo em silêncio, o quarto de banho, a cozinha, o vestíbulo, as três salas, sem esse ruído das casas de apartamentos, esse ambiente de bordel, esse incesto dos corpos; os pensamentos e os desejos irrefreáveis perderam há pouco o domínio de si mesmos, do que em todos os cantos, entre todos os móveis surgem relações, proibições, coisas impróprias, fortuitas, criaturas ilícitas, e do que nada se parece nunca a seus silenciosos subúrbios vazios do domingo, porém aos selvagens subúrbios abarrotados e sufocantes de um ininterrupto sábado à tarde.

Minha irmã veio de muito longe para trazer-me o café da manhã (o que não era necessário, já que eu podia ir em casa buscá-lo) e teve de bater durante alguns minutos antes de conseguir acordar-me desta carta e de meu esquecimento do mundo.

F.

* * *

O apartamento não me pertence, em realidade, porque meu cunhado pensa vir morar aqui de quando em quando durante o verão.

* * *

11) *Quinta-feira, pela manhã*

Finalmente, tua carta. Escrevo-te rapidamente algumas linhas sôbre o mais importante, embora seja possível que a pressa introduza algumas injustiças das que depois terei de me arrepender: Não conheço outro caso semelhante, no que diz respeito às relações recíprocas de nós três; portanto, não é preciso complicá-lo com experiências de outros casos ("cadáveres — tortura a três, a dois — desaparecer de algum modo"). Não sou seu amigo (1), não traí a nenhum amigo meu, mas tampouco sou um mero conhecido seu, porém uma pessoa muito vinculada a ele, em muitos sentidos talvez mais do que um amigo. Tu, por tua parte, não o atraiçoaste, porque o amas, digas o que disseres, e nossa união caso nos unissemos (graças, ó ombros!) se realizaria em outro plano e não dentro de seu domínio. Em conseqüência, nosso assunto talvez não seja apenas um assunto nosso, que deva manter-se secreto, nem tampouco exclusivamente tormento, temor, dor, angústia (tua carta preocupou-me muito e destruiu a relativa

(1) Refere-se ao marido de Milena.

tranqüilidade que ainda durava em mim de nosso encontro, que agora corre perigo de ser novamente arrastada pelo torvelinho de Merano, não obstante existam poderosos obstáculos para que volte a repetir-se a situação de Merano), porém um franco assunto a três, claro em sua franqueza, mesmo supondo que decidas continuar calando um pouco mais. Também eu me oponho decididamente à minuciosa consideração das possibilidades — oponho-me porque te tenho, se estivesse só não poderia evitá-la — se alguém se converte desde agora no campo de batalha do futuro, como pretender que o solo devastado sustenha o edifício do futuro?

Por ora não sei nada mais, há três dias que estou no escritório e ainda não escrevi uma linha, talvez hoje possa começar. Por outra parte, enquanto escrevia esta carta veio visitar-me Max, podes contar com seu silêncio; para todos, exceto minha irmã, meus pais, a jovem e ele, voltei por Linz.

F.

* * *

Posso mandar-te dinheiro? Por exemplo com L., dizendo-lhe que mo emprestaste em Viena e que enviei a ti junto com teus honorários de redação?

* * *

(À MARGEM ESQUERDA) Também me assusta um pouco o que prometeste escrever-me contra o temor.

* * *

12) *Sexta-feira*

Tudo o que escrevo parece-me fútil, além do mais o é. O melhor seria ir-me a Viena e levar-te comigo; talvez o faça, embora tu não queiras. Na realidade somente existem duas possibilidades, cada qual mais formosa do que a outra: que venhas a Praga, ou que venhas a Libesic. Desconfiado, segundo a velha tradição judia, dirigi-me subreptìciamente à casa de J. e surpreendi-o quando estava para partir para Libesic, tinha a carta que escreveste a Stasa. É uma pessoa excelente, alegre, franco, inteligente, toma a gente pelo braço, fala sem cessar, está preparado para tudo, compreende tudo e algo mais ainda. Tinha a intenção de ir visitar a Florian [1] em Brünn, com sua mulher, e dali ir a Viena para ver-te. Esta tarde volta a Praga, com a resposta de Stasa, vê-lo-ei às três da tarde, depois te telegrafarei. Perdoa a garrulice das onze cartas, esquece-as, agora vem a realidade, que é maior e melhor. No momento, creio que apenas uma coisa é temível: o amor que sentes pelo teu marido. No que diz respeito à nova tarefa que me mencionas, é bastante pesada, mas não se pode menosprezar as forças que tua proximidade me inspira. Ainda que estes dias não tenha dormido nada, estou mais tranqüilo do que teria podido imaginar ontem à noite depois de receber tuas duas cartas (por acaso estava Max, o que não me pareceu muito agradável, já que se trata de alguma coisa muito minha: ah! já começam os ciúmes do que não era ciumento, pobre Milena). Teu telegrama de hoje também me tranqüiliza um pouco. Quanto a teu marido, por ora, pelo menos por enquanto, não sinto demasiada pena, não sinto uma pena intolerável. Quis enfrentar uma tarefa prodigiosa, cumpriu-a no fundo parcialmente, talvez totalmente, com honra; não creio que possa prossegui-la, não porque lhe falte energia (que é porventura minha energia frente à sua?), porém porque tudo o que aconteceu até agora constitui uma carga por demais pesada para ele, deprimiu-o demais, despojou-o da concentração necessária. Talvez, fora tudo isso, seja para ele um alívio. Por que não haveria de lhe escrever?

F.

* * *

13) *Sexta-feira*

Apenas umas palavras sobre a carta de Stasa; meu tio, por outra parte encantador, embora neste momento um pouco incômodo, me aguarda. Pois bem, a carta de Stasa é por fim muito amistosa e cordial, apenas tem algumas falhas, umas falhas pequenas, talvez puramente formais (o que não quer dizer que sem essas falhas a carta tivesse sido mais cordial, talvez o inverno seria o certo), de qualquer modo algo

(1) Distinto escritor e editor católico, genro de León Bloy. Stasa trabalhava nessa época com ele.

lhe falta, ou lhe sobra, talvez certa faculdade de reflexão, que por outra parte parece nascer de seu marido, já que assim me falou ontem. Mas, que digo destas pessoas que afinal de contas são realmente boas? Ciúmes, em realidade são ciúmes, embora te prometi não te torturar nunca com eles, Milena, apenas torturar-me a mim, a mim somente. Não obstante, parece-me perceber nessa carta um mal-entendido, na realidade tu não querias que Stasa te aconselhasse, nem tampouco que falasse com teu marido; querias sobretudo o que de modo algum pode substituir-se: sua presença. Assim me pareceu, pelo menos.

Talvez receba hoje mais notícias tuas. No fundo, é-se um capitalista, que não sabe tudo o que possue. Esta tarde, no escritório, enquanto perguntava em vão por notícias, trouxeram-me uma carta tua que chegara pouco depois de minha partida para Merano; foi tão estranho lê-la...

Teu.

* * *

14) *Sábado*

Vamos mal; anteontem, chegaram as duas cartas tristes, ontem somente o telegrama (na realidade era tranqüilizador, embora parecesse um pouco artificial, como sempre parecem os telegramas), e hoje absolutamente nada. E as cartas não foram muito consoladoras, em nenhum sentido; anunciavam que por outra parte voltarias a escrever-me e não me escreveste. E anteontem mandei-te à noite um telegrama urgente, com a resposta paga, a resposta já devia ter chegado. Repito o texto: "Era a única coisa possível, tranqüiliza-te, aqui estás em tua casa, J. chega com sua mulher a Viena provavelmente dentro de oito dias. Como mandar-te dinheiro?" Mas não me respondeste. "Vai a Viena", digo a mim mesmo. "Mas Milena não quer, decididamente não quer. Tua presença significaria uma decisão, não que vás, tem preocupações e dúvidas, por isso quer que vá Stasa." Não obstante, iria, se não me sentisse enfermo. Tranqüilo, relativamente tranqüilo, sim o estou, como nunca houvera sonhado tornar a estar durante esses últimos anos, mas de dia tenho muita tosse, e de noite me dão acessos que duram um quarto de hora. Talvez seja apenas o começo de minha aclimatação em Praga é uma conseqüência das loucuras de Merano, quando ainda não te conhecia e não havia olhado no fundo de teus olhos.

Quão escura se tornou Viena, e contudo há quatro dias era tão clara. Que estarão me preparando ali, enquanto eu espero aqui sentado, deixo de escrever e afundo a cara entre as mãos.

F.

* * *

Depois ergui a vista para olhar a chuva pela janela aberta, de poltrona; ocorreram-me diversas possibilidades; que talvez estejas enferma ou cansada, de cama; que a senhora K. poderia ajudar-nos, e depois — assombrosamente, como a possibilidade mais natural, mais ordinária — que a porta se abria e aparecias.

* * *

15) *Segunda-feira*

Estes foram para mim dois dias desesperadores, para não dizer mais. Mas agora compreendo que não tens a culpa, de algum modo um demônio maligno retinha todas as tuas cartas desde quinta-feira. Na sexta-feira somente recebi teu telegrama, no sábado nada, no domingo nada, hoje quatro cartas, as de quinta-feira, de sexta-feira, e sábado. Estou muito cansado na realidade para escrever, muito fatigado para descobrir facilmente nessas quatro cartas, nessa montanha de desespero, de sofrimento, de amor e de amor correspondido, o que resta para mim; tão egoísta se é quando se está cansado e quando se passou dois dias e duas noites roído pelos mais horríveis pressentimentos. Mas apesar de tudo — e isso também se deve a teu poder vitalizador, Mãe Milena —, apesar de tudo me sinto, no fundo, menos desfeito que em qualquer outro momento destes últimos sete anos, excetuando o ano que passei na aldeia.

De qualquer modo continuo sem entender por que não recebi ainda resposta ao meu telegrama urgente de quinta-feira à noite. Não temas que escreva a teu marido, na realidade não sinto o menor desejo de fazê-lo. Apenas sinto o desejo de ir-me de Viena, mas tampouco o farei; não o faria ainda se não existissem tantos inconvenientes: tua negativa, as dificuldades de passaporte, o escritório, a tosse, o cansaço, o casamento de minha irmã (na quinta-feira). Na realidade mais me conviria viajar que passar outra tarde como a de sábado ou a de domingo. O sábado: vaguei sem rumo, um pouco com meu tio, um pouco com Max, e cada duas horas voltava ao escritório para perguntar se tinham chegado cartas. A noite foi um pouco melhor, fui ver a L., não tinha más notícias tuas, mencionou tua carta, o que me encheu de felicidade, telefonou a K., o da **Neue Freie Presse**; tampouco sabia nada, mas não queria pedir notícias tuas a teu marido, e hoje voltará a telefonar pela noite. Desse modo passei o tempo em casa de L., ouvindo mencionar teu nome com freqüência, agradecendo-lhe isso. Em todo caso, não é nem fácil nem agradável conversar com ele. É como uma criatura, uma criatura não muito desperta, como uma criatura se vangloria, mente, finge, e basta ficar sentado e escutá-lo para sentir-se também a gente astuta e desagradàvelmente comediante. Em especial porque não é nenhuma criatura; em tudo o que se refere a bondade, interesse, desejo de ajudar é um adulto generoso e sério. Não se consegue conciliar essa contradição, e se não se repetisse constantemente: "uma vez mais, apenas uma vez mais quero ouvir pronunciar seu nome", ir-se-ia embora no mesmo instante. Falou-me também de seu casamento (na terça-feira), no mesmo tom.

O domingo foi pior. Na realidade eu pensava ir ao cemitério, o que teria sido o mais adequado, mas permaneci tôda a manhã na cama e pela tarde tive de ir à casa dos sogros de minha irmã, já que ainda não os tinha visitado. Assim se passou até as seis. Novamente no escritório, para ver se não tinha chegado um telegrama. Nada. E agora, o quê? Ler os programas de teatro, porque J. havia mencionado, muito de passagem, que Stasa ia na segunda-feira ver uma ópera de Wagner. Descubro que a representação começa às seis, e nosso encontro era para as seis. Mau. E agora, o quê? À Obstgasse, a contemplar a casa. Ali está, em silêncio, não entra nem sai ninguém, espero um momento, ao lado da entrada, depois em frente, nada, essas casas são tanto mais sábias do que as pessoas que as olham fixamente. E agora? À passagem Lucerna, onde em outro tempo havia uma exposição de artes aplicadas. Já não existe. Portanto, tento ver a Stasa, uma tentativa de muito fácil execução, a verdade, já que é quase certo que não está em sua casa. Uma casa tranqüila, formosa, com um jardinzinho por detrás. Na porta do apartamento, um cadeado; portanto, pode-se chamar impunemente. Embaixo, converso um pouco com a encarregada, com o fito de pronunciar as palavras "Libesic" e "J.", porque, por infelicidade, não há nenhuma possibilidade de "Milena". E agora? Agora vem o mais estúpido de tudo. Vou ao **Café Arco** (1), onde há anos que não ponho os pés, para ver se encontro alguém que te conheça. Por sorte, não havia ninguém, e pude ir-me imediatamente. Nunca mais um domingo semelhante, Milena!

F.

* * *

(À MARGEM ESQUERDA) Ontem não pude escrever, tudo me parecia em Viena tão lúgubre.

* * *

17) *Terça-feira, um pouco depois*

Quão cansada pareces na carta da noite de sábado! Muito poderia dizer dessa carta, mas não posso dizê-lo hoje a uma jovem tão cansada; eu também estou cansado, na realidade pela primeira vez desde meu regresso de Viena, tenho a cabeça totalmente desfeita, torturada. Não te digo nada, reduzo-me a sentar-te na poltrona (dizes que não foste suficientemente boa para comigo, mas existe porventura uma prova de amor e uma honra maior que estar ali sentada, e permitir-me estar sentado aqui, ao teu lado?), bem, sento-te na poltrona e não sei como captar com as palavras, os olhos, as mãos, e o pobre coração esta felicidade de estares ali e de além do mais me pertenceres. E nesse momento não é a ti talvez a quem amo, porém a esse destino que me ofereceste.

Hoje não te digo nada de L., nem tampouco da jovem; tudo isso, de algum modo, continuará seu curso; quão distante está tudo isso já!

* * *

(1) Café de literatos e artistas na rua Hybernská.

Tudo o que escreves sobre o "pobre músico" é certo. Se te disse que para mim não significa nada, apenas foi por prudência, porque não sabia o que acharias e além do mais porque me envergonho desse relato como se o tivesse escrito eu próprio; com efeito, começa mal, tem uma grande soma de incorreções, de coisas ridículas, pormenores de diletantismo, de afetações que provocam rubor (isto se percebe especialmente ao lê-lo em voz alta, poderia assinalar-te as passagens); e na realidade essa espécie de exercício musical é além de tudo um achado lamentavelmente ridículo, que basta para irritar à jovem e levá-la, com uma ira da qual todo o mundo participa (eu antes de tudo) a atirar tudo o que tem na tenda sobre o relato, até que este, que não merece outra coisa, se dilui sob seus próprios elementos. De todos os modos, não se pode dar melhor destino para um relato que o de desaparecer, e além do mais dessa maneira. Também o narrador, esse cômico psicólogo, estará completamente de acordo com essa decisão, já que provavelmente é ele na realidade o verdadeiro pobre músico, que executa seu relato da maneira menos musical possível, recompensado com exagerada magnificência pelas lágrimas de teus olhos.

* * *

Quarta-feira

Escreves: "Sim, tens razão. Quero-o muito. Mas também a ti, F., te quero." Leio a frase muito atentamente; em cada palavra me detenho, especialmente em "também"; é certo, não serias Milena se não fosse certo, e que seria de mim se não existisses, e também é melhor que escrevas isso em Viena e não que o digas em Praga; compreendo tudo muito bem, talvez melhor do que tu; e contudo, por uma misteriosa debilidade, não posso terminar nunca a frase, é uma leitura infinita, e finalmente volto a repeti-la aqui, para que também tu a leias e a leiamos juntos, fronte contra fronte. (Teu cabelo contra minha fronte.)

* * *

Tinha escrito até aqui quando chegaram tuas duas cartas a lápis. Acreditarás que não esperava recebê-las? Mas muito no íntimo esperava-o, embora não se viva constantemente no íntimo e prefira-se viver na terra como o ser mais miserável. Não sei por que sempre tens medo de que eu faça algo por minha conta. Não te escrevi já sôbre isso com toda clareza? E afinal de contas, mandei um telegrama à senhora K. somente porque havia quase três dias, e que dias, que não tinha notícias, não me respondias o telegrama, e quase me via obrigado a acreditar que estavas enferma.

* * *

Ontem fui ver o meu médico, achou-me mais ou menos no mesmo estado que antes de ir a Merano, os três meses passaram pelo pulmão quase sem deixar vestígios, na ponta esquerda a enfermidade continua residindo tão fresca como sempre. Para ele este resultado é lamentável, para mim é quase agradável, porque me imagino como estaria se eu tivesse ficado todo esse tempo em Praga. Além disso, ele acredita que não aumentei em nada o meu peso, mas segundo meus cálculos engordei uns três quilos. No outono fará a experiência de dar-me injeções, mas não creio que possa suportá-las.

Diante deste resultado, quando comparo a forma como tu brincas com tua saúde — por pura necessidade, naturalmente, não é preciso dizê-lo — parece-me às vezes que nós, em vez de vivermos juntos, teríamos tranqüilamente que deitar-nos juntos para morrer. Mas aconteça o que acontecer, acontecerá perto de ti.

Na realidade, apesar do que diga o médico, sei que para começar a curar-me preciso somente de tranqüilidade, uma espécie muito peculiar de tranqüilidade, ou, se se considera sob outro ponto de vista, uma espécie muito peculiar de intranqüilidade.

* * *

Hoje é a festa nacional francesa, embaixo passam as tropas que retornam do desfile. O espetáculo tem algo — sinto-o, respirando tuas cartas — de grandioso. Não o esplendor, nem a música, nem a marcha; nem o tradicional francês, surgido de um museu de cera (alemão), com casaca azul, calções vermelhos, que marcha à frente de uma divisão, porém essa espécie de manifestação de forças que clamam na profundidade: "Apesar de tudo, seres calados, arregimentados, marchantes, quase selvagemente confiados, apesar de tudo não vos abandonaremos, mesmo em meio de vossas maiores tolices, especialmente em meio às vossas maiores tolices." E a gente contempla com os olhos fechados essas profundidades, e submerge-se quase em ti.

* * *

Finalmente trouxeram-me a pilha de documentos que se amontou durante a minha ausência; imagina, desde que voltei ao escritório escrevi exatamente seis cartas profissionais, nada mais, e mo toleram. Por causa da preguiça das outras seções não pude conseguir até hoje estes papéis, por sorte para mim. Mas agora chegaram. Não obstante, não tem nenhuma importância, sempre que tenha dormido um pouco. Mas ontem passei uma noite espantosa.

F.

* * *

Quinta-feira

Uma linha antes de ir-me para o escritório; tinha decidido não dizer nada, há três dias que o tenho na garganta; pelo menos nestes momentos, enquanto feres essa terrível batalha, tinha decidido calar-me, mas é impossível, não se podem fazer essas distinções, afinal de contas é **minha** batalha. Talvez terás percebido que desde há algumas noites não durmo. É simplesmente o "temor". É algo realmente que me deixa sem vontade, que brinca comigo como quer, já não sei onde estou, não distingo a direita da esquerda...; além do mais, em tuas últimas cartas interpolaste duas ou três observações que me fizeram feliz, mas com uma felicidade desesperada, porque o que ali dizes convence por igual à mente, ao coração e ao corpo, mas além disso existe uma persuasão mais profunda, não sei onde localizá-la, que evidentemente não se deixa convencer. Por fim, o que muito contribuiu para enfraquecer-me, a maravilhosa ação tranqüilizadora e intranqüilizadora de tua proximidade material se evapora com o tempo. Se estivesses já comigo! Em troca, não tenho a ninguém, a ninguém salvo o temor, abraçados e convulsivamente nos debatemos as noites inteiras. Existe algo contudo muito sério neste temor (embora pareça esquisito sempre se relacionava unicamente com o futuro; não, isto não é certo (1), que em certo sentido se explica exatamente por isso, porque constantemente me recorda a necessidade da grande comprovação: que também Milena é uma pessoa. O que me dizes sobre isso é realmente formoso e amável, no fundo não se quereria ouvir outra coisa depois de ter ouvido essas palavras, mas a afirmação de que não se trata de um assunto sumamente importante é na realidade muito questionável, não se pode esquecer que esse temor não é afinal de contas meu temor privado — ainda que faça parte dele, uma parte terrível —, porém também o temor de toda fé desde que existe o mundo.

Já o fato de ter-te escrito isto me resfrescou a cabeça.

Teu.

* * *

Quinta-feira, mais tarde

A carta da noite no restaurante e a da segunda-feira chegaram há pouco, a primeira é evidentemente posterior, mas não poderia assegurá-lo. Apenas as li depressa e devo responder-te imediatamente, para rogar-te que não penses mal de mim... E não são ciúmes, apenas penso em ti porque quisera segurar-te de todos os lados, também pelo lado do ciúme, mas é absurdo e não se repetirá, são os sonhos enfermiços da solidão. Também te enganas quanto a Max, ontem por fim lhe mandei suas saudações, com raiva (ver mais acima), porque sempre lhe mandas saudações. Mas como habitualmente êle tem uma explicação para tudo, diz que é provàvel que tu o saudes tão freqüentemente porque eu não te mandei ainda suas cordiais saudações, que se eu me decidisse por fim a fazê-lo, provavelmente tuas saudações cessariam, para tranqüilidade minha. É possível, portanto faço a prova.

Por outra parte, Milena, não te preocupes por mim, era a única coisa que faltava, que comeces a te aborreceres por minha culpa. Se não fosse pelo "temor" que desde há alguns dias se apoderou de mim, e do qual já me queixei na carta

(1) Riscado no original.

desta manhã, estaria quase perfeitamente bem de saúde. Por que motivo, de passagem, me disseste aquela vez no bosque que tampouco tu esperavas outra coisa? Foi lá em cima, no bosque, no segundo dia. Diferencio muito bem os dias, o primeiro foi o inseguro, o segundo foi o demasiado seguro, o terceiro foi o do arrependimento, o quarto foi o bom.

Agora tenho de ir ao casamento de minha irmã. Por que, afinal de contas, sou uma pessoa torturada por estes estados tão completamente imprecisos e por estas desesperantes responsabilidades? Por que não sou, por exemplo, o feliz roupeiro de teu quarto, que te contempla livremente quando estás sentada na poltrona ou perto da escrivaninha ou quando te recostas ou dormes? (Mil vezes bendito seja o teu sono!) Por que não o sou? Porque me teria decomposto de pesar ao contemplar teus tormentos destes últimos dias, e mais ainda se visse que partias de Viena.

F.

A idéia de que logo terás o passaporte é muito consoladora.

* * *

Quinta-feira

À tarde, mirto na lapela, mais ou menos normal apesar da dor de cabeça. (Separação, separação!), depois de participar do almoço de casamento entre as excelentes irmãs de meu cunhado. Mas já estou preparado.

Que vida fácil, quando estejamos juntos — e como me atrevo a escrevê-lo, sou um imbecil —, pergunta e resposta, olhar no olhar. E agora tenho de esperar pelo menos até a segunda-feira a resposta de minha carta da manhã. Procura compreender-me e continue tendo-me afeto.

F.

* * *

Segunda-feira

Entendeste mal algumas coisas, Milena:

Antes de tudo não estou em realidade tão enfermo, e quando consigo dormir um pouco me sinto melhor ainda do que em Merano. As enfermidades pulmonares são, geralmente, as mais simpáticas, especialmente quando o verão é quente. Como me arranjarei para os fins do outono depois veremos quando chegue o momento. Por ora apenas tenho alguns motivos de queixa secundários, por exemplo o não poder fazer nada no escritório. Quando não estou escrevendo-te, refestelo-me na poltrona e olho pela janela. Vê-se bastante porque a casa de frente é de construção baixa. Não posso dizer que olhar pela janela se inspira especial melancolia, nada disso, apenas não consigo interromper isso e fazer outra coisa.

Em segundo lugar, não me falta dinheiro, tenho mais do que o necessário; certas somas (por exemplo o dinheiro reservado para tuas férias) até me molestam, me incomoda tê-las.

Em terceiro lugar, já fizeste por minha cura o máximo, de uma vez por todas, e além do mais voltas a fazê-lo cada vez que pensas em mim com afeto.

(À MARGEM ESQUERDA) Por outro lado, não te preocupes nesse sentido por mim, espero meu último dia como se fosse o primeiro.

Em quarto lugar, tudo quanto dizes com certa hesitação sobre a viagem a Praga é correto. "Correto" é além do mais o que te telegrafei, embora me referisse à conversa com teu marido, que por outro lado era a única solução correta. Esta manhã cedo, por exemplo, comecei de súbito a temer, a temer de amor, a temer com o coração palpitante, que de súbito pudesses, induzida por algum capricho acidental, vir a Praga. Mas, porventura poderia realmente decidir-te um capricho, quando vives com tanta intensidade, com tanta profundidade? Nem sequer deves deixar-te enganar por aquêles dias em Viena. Porventura não agradecemos ali mesmo entre tantas coisas a tua esperança, talvez inconsciente, de voltar a vê-lo à noite? Não falemos mais disso. Ou somente isto: por tua carta me inteirei de duas novidades concretas, a primeira o projeto de Heidelberg, a segunda o projeto de Paris e de abandono do Banco (1); o primeiro me revela que de algum modo me somo à lista dos "libertadores" e dos que cometem atos de violência. Mas na realidade já não estou na lista. O segundo me demonstra que, afinal de contas, também ali existe

(1) Projetos do marido de Milena, empregado de banco em desacordo com o seu trabalho.

a "vida futura", os projetos, as possibilidades, as perspectivas, também as tuas perspectivas.

Em quinto lugar me preocupa esse terrível tormento que te impões — e é o **único** tormento que me impões — de escrever-me todos os dias. Escreve-me menos amiúde, eu te escreverei se quiseres uma nota por dia. Além do mais poderás dedicar-te mais tranqüilamente aos trabalhos que te agradem.

* * *

Obrigado por **Donadieu** (1). (Não poderia, de alguma maneira, mandar-te livros?) Não creio poder lê-lo imediatamente, por culpa de outro pequeno inconveniente secundário: não posso ler, o que por outra parte não me desespera muito, trata-se de uma verdadeira incapacidade que tenho. Espera-me um grosso manuscrito de Max (judaísmo, cristianismo, paganismo...: um grande livro), insiste em que o leia, mal o principiei; hoje um jovem poeta me traz setenta e cinco poemas, alguns medem várias páginas, certamente voltará a ofender-se comigo, como já aconteceu uma vez.

Acrescento a resposta da jovem, da qual também poderás deduzir o conteúdo de minha carta, para que vejas como se recusa a mim sem razão. Não lhe respondo mais.

A tarde de ontem não foi muito melhor do que a de domingo passado. Começou na verdade bastante bem; quando saía de casa, para ir ao cemitério, fazia calor de trinta e seis graus à sombra, e os bondes estavam em greve, o que na realidade me agradava muito já que tinha grande desejo de caminhar, como aquele sábado no caminho ao jardinzinho próximo da Bolsa. Mas quando cheguei ao cemitério não pude encontrar o túmulo, o escritório de informação estava fechado com cadeado, não havia nenhum cuidador, nenhuma mulher sabia de nada; depois procurei em um livro, mas não era o que eu precisava, vaguei durante horas, já estava quase enlouquecido de ler lápides, e em estado idêntico saí do cemitério.

F.

* * *

(1) **Marie Donadieu,** novela de Charles-Louis Philippe.

Terça-feira

Aqui tenho os teus dois telegramas... O principal é contudo que após uma noite de insônia quase absoluta possa encontrar-me diante desta carta, que me parece infinitamente importante. Todas as cartas que te escrevi de Praga teria sido melhor que não as escrevesse, especialmente as últimas, e apenas esta vale; ou antes podem existir, sempre que esta seja a fundamental. Infelizmente não posso repetir-te quase nada de tudo o que te disse ontem nem do que te disse à noite ou esta manhã. De qualquer modo, o importante é isto: digam o que disserem de ti os que te rodeiam em vasto círculo, com sublime perspicácia, com estupidez de animal (ainda que os animais não sejam assim), com diabólica bondade, com amor assassino, eu, eu, Milena, sei perfeitamente, em todo o meu ser, que faças o que fizeres, fazes bem, fiques em Viena ou venhas aqui, ou fiques flutuando entre Praga e Viena, ou faças num dia isto e no outro aquilo. Dize-me um instante, **que teria eu a fazer contigo, se não o soubesse?** Assim como no fundo do mar não existe um só lugarzinho que não esteja submetido à mais intensa pressão, assim acontece junto a ti, mas toda outra vida seria uma vergonha e me repeliria; até agora acreditei que não podia suportar a vida, que não podia suportar as pessoas e me envergonhava muito disso, mas agora me confirmas que não era a vida o que me parecia insuportável.

Teu.

(À MARGEM ESQUERDA) Quanto ao projeto de Chicago parece-me muito bem, sempre que se requeiram também mensageiros que não possam correr.

* * *

À tarde

Consegui manter-me afastado desta carta no escritório, mas não me custou pouco trabalho; quase precisei empregar nisso todas minhas forças e não me restou nada para o trabalho do escritório.

A carta a Stasa: J. veio efetivamente ver-me ontem pela manhã e mencionou que tinha chegado uma carta tua, tinha-a visto sobre a mesa ao sair de sua casa, cedo, mas ainda não sabia o que dizias nela, à noite Stasa mo diria. Diante de sua amabilidade senti-me bastante incomodado, imaginando as coisas que dirias em tua carta, e que eu contribuíra a provocar. Mas à noite aconteceu que no final das contas a carta era muito gentil e tinha-os tranqüilizado a ambos, pelo menos no que dizia respeito a seu tom amistoso; sobretudo havia uma breve frase de agradecimento para o marido, que apenas podia ser conseqüência de meus comentários, e que realmente encantou a Stasa e fez com que os olhos de J. brilhassem um pouco mais que de costume. São depois de tudo duas boas pessoas, e Stasa teve um minuto maravilhosamente formoso, enquanto contemplava tua fotografia com uma atenção na realidade incompreensível, tensa, calada e seriamente. Talvez te conte um pouco mais sobre esta noite, eu estava cansado, vazio, aborrecido, distraído, merecia uma surra, e desde o primeiro momento apenas desejava ir para a cama. (Pediram-me que te mande a folha anexa, um desenho de Stasa — falamos da comunicação de teus quartos — com explicações de J.)

Ontem te aconselhei que não me escrevesses todos os dias, hoje continúo pensando o mesmo; seria muito conveniente para ambos, e volto a aconselhar-te ainda uma vez, com maior insistência ainda; mas, por favor, Milena, não me faças caso e escreve-me igual todos os dias, embora seja uma carta muito breve, como a de hoje, apenas duas linhas, uma só, uma mera palavra; privar-me dessa palavra me custaria horríveis sofrimentos.

F.

Quarta-feira

Podem-se conseguir certos resultados se se atreve. Antes de tudo: talvez Gross [1] não esteja enganado, se eu não o entendo mal; pelo menos corrobora-o o fato de que eu ainda esteja vivo, embora considerando a distribuição especial de minhas forças internas deveria ter-me matado há tempos.

Segundo: que acontecerá depois é outra questão, a única coisa segura é que longe de ti não posso viver senão comple-

(1) O psicanalista e filósofo Otto Gross.

tamente entregue à angústia, mais completamente ainda do que ela o desejaria, e faço-o sem que me obriguem, encantado, verto-me nela.

Tens razão em censurar-me, em nome da angústia, meu comportamento em Viena, mas nisso é realmente notável, não conheço suas leis internas, apenas reconheço sua mão em minha garganta, o que é em realidade o mais terrível de tudo o que conheci ou conhecerei jamais.

Talvez o que acontece é que ambos estamos casados, tu em Viena, eu com a angústia em Praga, e que ambos nos torturamos inutilmente para libertarmo-nos de nosso matrimônio. Porque te direi, Milena, que se eu em Viena te tivesse convencido plenamente (unânimes até neste ponto que não conseguia convencer-te), já não estarias em Viena, apesar de tudo, ou antes não existiria nenhum "apesar de tudo", simplesmente já estarias em Praga, e tudo o que dizes para consolar-te em tua última carta não é no fundo senão um consolo. Não te parece?

Se tivesses vindo imediatamente a Praga, ou se pelo menos te tivesses decidido imediatamente a fazê-lo, esse passo não teria representado para mim nenhuma prova, não preciso de nenhuma prova tua, para mim és acima de tudo clara e digna de confiança, mas em troca teria sido uma grande prova no que se refere a mim, e nesse sentido lamento que não tenha acontecido. Também disso se alimenta às vezes a angústia.

Sim, talvez, seja pior, e justamente eu, o "libertador", te retenha em Viena como ninguém até agora te reteve.

* * *

Deste modo, esta era a tormenta que no bosque nos ameaçava constantemente; mas afinal de contas não a passamos mal. Continuemos vivendo sob sua ameaça, já que não há outra saída.

Não compreendo o que tens contra a carta da jovem. Conseguiu seu propósito, inspirar-te um pouco de ciúmes; nada mais. Daqui para a frente inventarei cartas como essa, de vez em quando, e escrevê-las-ei eu mesmo, melhores ainda que essa e sem uma recusa tão definitiva.

Por favor, dize-me algumas palavras sobre teu trabalho. Cesta? Lípa? Kmen? Politika?

* * *

Queria dizer-te algumas coisas mais, mas novamente veio ver-me um jovem poeta; não sei por que, apenas vem alguém me recordo de meus documentos e durante toda a visita não posso pensar em outra coisa; estou cansado, não sei nada e não desejo nada, apenas enfiar o rosto em teu seio, sentir sobre minha cabeça tua mão e permanecer assim toda a eternidade.

Teu.

Sim, isto é o que queria dizer-te: que tua carta expressa uma grande verdade (entre outras verdades) quando diz: "No fundo tu és a pessoa que menos idéia tem disso." É certo, palavra por palavra. Tudo era pura sujeira, lamentável abominação, um afogar-se no inferno; em meio de tudo isso me vejo realmente diante de ti como uma criatura que fez algo muito malvado e encontra-se frente à mãe e chora e chora e faz uma promessa: não o farei nunca mais. Mas justamente de tudo isso tira suas forças a angústia: "Isso mesmo", diz, "não tem a menor idéia! Ainda não aconteceu nada! Portanto, ainda pode ser salvo!"

* * *

Dou um pulo: o telefone! Chama-me o diretor. Pela primeira vez desde a minha chegada chamam-me para assuntos de trabalho. Por fim se descobrirá a grande fraude. Desde há dezoito dias não fiz outra coisa senão escrever cartas, ler cartas, sobretudo olhar pela janela, ter uma carta em mãos, deixá-la, tornar a pegá-la, receber algumas visitas e nada mais. Mas quando desço, mostra-se amável, sorri, conta-me algo do escritório que não compreendo, despede-se de mim porque parte em férias, uma pessoa incrìvelmente boa (de qualquer modo murmurei indistintamente que já tenho quase tudo feito e que amanhã começo a ditar). E agora informo rapidamente de tudo a meu anjo da guarda.

* * *

Sábado

Não me compreendes inteiramente, Milena, estou quase totalmente de acordo contigo. Não quero entrar em pormenores. Ainda não posso dizer hoje se irei a Viena; não obstante, creio que não. Se antes tinha muitos motivos contrários, hoje apenas tenho um: que está acima de minhas forças espirituais; e depois, talvez, como motivo secundário e distante, que é melhor para todos nós. Contudo, te direi que igualmente seria superior às minhas forças, muito mais ainda, que tu, agora, nas circunstâncias que me descreves ("deixar uma pessoa esperando") viesses a Praga.

A necessidade de saber o que queres dizer-me sobre esses seis meses não é de nenhum modo imediata. Estou convencido de que é algo terrível; estou convencido de que passaste momentos terríveis e ainda de que fizeste coisas terríveis; estou convencido de que eu, como copartícipe, não teria podido provavelmente suportá-lo (quando faz apenas sete anos podia suportar quase, qualquer coisa); estou além disso convencido de que tampouco no futuro poderia suportá-lo se vivesse a teu lado; bem, mas, que importa tudo isso? Porventura o essencial para mim são tuas experiências e teus atos, ou antes tu mesma? Contudo, te conheço, mesmo sem o relato, muito melhor do que a mim mesmo, e contudo com isso não quero dizer que não conheço o estado de minhas mãos.

Minha proposta não é contrária à tua carta, nada disso, porque tu escreves: "Preferiria continuar um terceiro caminho, que não me conduza nem a ti nem a ele, porém para a solidão." É exatamente a minha proposta, talvez a escreveste no mesmo dia que eu.

Por certo, se a enfermidade chegou a esse extremo não podes abandonar teu marido nem sequer temporariamente; contudo, tal como a descreves, não é uma enfermidade interminável, falaste-me de alguns meses, já se passou um mês e tanto, outro mês mais e poderás deixá-lo por alguns dias. É verdade que já seria agosto, no pior dos casos setembro.

De passagem confessarei que tua carta é dessas que não posso ler imediatamente, e embora já a tenha devorado quatro vezes, uma depois da outra, tampouco posso comunicar-te imediatamente minha opinião. De qualquer modo, creio que o anterior tem algum valor.

Teu.

* * *

Domingo

Mais sobre o dia de ontem: Diante de tua carta, procuro contemplar a situação inteira sob um ângulo que até agora geralmente me neguei a utilizar. Dali, notavelmente, percebo que:

Eu não lutava com teu marido por ti; a luta apenas se realizava em ti; se a decisão pudesse depender de uma luta entre teu marido e eu, há muito que tudo estaria decidido. Não é que superestime as possibilidades de teu marido, muito provavelmente as menosprezei até agora, mas contudo sei isto: que se ele me quer, é com o amor do homem rico para o mendigo (algo do que existe também em tua relação comigo). Na atmosfera de teu conviver com ele apenas sou realmente como o rato na "casa rica", ao qual no melhor dos casos se permite uma vez por ano correr livremente sobre o tapete.

Assim é, e não é nada do outro mundo, não me assombro de que assim seja. Em troca, assombra-me, e provavelmente seja incompreensível, que tu, vivendo nessa 'casa rica", pertencendo-lhe com toda a alma, extraindo dela o mais forte de tua vitalidade, sendo ali uma grande rainha, não obstante — e isso o sei bem — tenhas a possibilidade não somente de sentir algum afeto por mim, porém também de ser minha, de correr com meu rato sobre teu próprio tapete.

Mas não é isso o cúmulo do espantoso. O cúmulo é que tu, se decidisses vir para mim, se portanto — julgando-o do ponto de vista musical — decidisses renunciar ao mundo inteiro, para descer até mim, tão fundo, que olhando da tua altura não somente se vê muito pouco, porém que na realidade já não se vê absolutamente nada, necessitasses nesse caso para consegui-lo — incrível, incrivelmente! — não descer, porém de uma maneira sobre-humana fazer um esforço para elevar-te acima de ti mesma, para além de ti mesma, com um esforço tão tremendo que ao mesmo tempo talvez te destrua, te precipite, te faça desaparecer (e eu também contigo, por certo). E tudo isso para chegar a um lugar onde nada atrai a alguém, onde espero sem felicidade nem infelicidade, sem méritos nem vergonha, simplesmente porque ali me deixaram. Na hierarquia da humanidade sou algo assim como um pequeno vendeiro de pré-guerra em teus subúrbios (nem mesmo um músico ambulante, nem mesmo isso), e ainda quando eu mesmo me tivesse conquistado esse lugar — o que não aconteceu — não seria nenhum mérito.

* * *

Especialmente claro é o que escreves sôbre as raízes, indubitavelmente é assim. Em Turnau, por certo, a tarefa principal era antes de tudo descobrir todas as raízes secundárias e afastá-las, mas quando se conseguia encontrar a raiz principal, o trabalho havia terminado, apenas era preciso erguê-la com a pá e arrancar a planta inteira. Ainda me soa aos ouvidos o ruído que fazia. Mas de todos os modos podia-se arrancá-la tranqüilo, já que se sabia que a árvore continuaria crescendo sem dificuldade em outro lugar, e além do mais nem sequer era uma árvore, porém uma criatura.

* * *

Ontem tornei a falar com L. No que diz respeito a ele temos a mesma opinião. Diz muito por exemplo em seu favor o fato de que quando fala de ti se ergue um pouco; sim, tem bom sentimento. Que me contou? Vi-o duas vezes, e em essência me contou cada vez, com muitos pormenores secundários, a mesma história. Uma jovem, noiva de outro, vai visitá-lo, permanece em sua casa — apesar de seu intenso desagrado — de oito a dez horas continuadas (uma jovem em seu domicílio privado pela manhã, a outra na redação à noite, assim reparte o dia), explica-lhe que é absolutamente necessário que ele seja seu e que de outro modo se atirará pela janela. Ele nega-se, mas deixa-lhe livre o caminho para a janela. Pois bem, embora as jovens não se atirem em realidade pela janela, acontece algo espantoso, uma delas é tomada por um ataque de nervos, a outra é presa... já me esqueci de que. Não nego que tudo isso possa ter acontecido em realidade, exatamente assim ou pior ainda, a única coisa que não entendo é porque é tão tedioso.

Não obstante, teve um momento feliz, quando me falava de sua noiva. O pai da mesma sofreu de melancolia durante dois anos, a jovem cuidava dele. A janela do quarto do enfermo tinha de estar constantemente aberta, mas quando passava um carro pela rua, tinha de fechá-la rapidamente um instante porque o pai não suportava o ruído. A filha se encarregava de abrir e fechar a janela. Enquanto mo contava, L. acrescentou: "Imagine-se, uma professora de história da arte." (Com efeito, é professora de história da arte.)

Também me mostrou sua fotografia. Uma cara de judia, provavelmente formosa, melancólica, de nariz chato, olhos graves, mãos longas e delicadas, ricamente vestida.

* * *

Perguntas-me pela jovem, não sei nada de novo sobre ela. Desde que me deu a carta para ti não tornei a vê-la. Na realidade tinha ficado de encontrar-me com ela outra vez, mas justamente nesse momento chegaram tuas conversações com teu marido, não me sentia capaz de falar com ela e desculpei-me alegando motivos até certo ponto verdadeiros, com a amabilidade que correspondia aos meus sentimentos. Mais tarde tornei a escrever-lhe, evidentemente entendeu mal o que lhe dizia, porque me respondeu com uma mensagem telegráfica; já se passou mais de uma semana sem notícias dela, de modo que não sei o que lhe escreveste nem que efeito lhe fez.

* * *

Dizes-me que talvez venhas a Praga no próximo mês. Quase te rogaria que não viesses. Deixa-me a esperança de crer que, se alguma vez, impelido pela mais extrema necessidade, te peço que venhas, virás **imediatamente**; mas agora é melhor que não venhas, terias que tornar a ir embora.

(À MARGEM ESQUERDA.) Já sei tua resposta, mas gostaria de vê-la por escrito.

* * *

No que se refere à mendiga, não havia nisso por certo nada nem de bondade nem de maldade, simplesmente estava demasiado distraído ou demasiado preocupado por certo assunto para poder dirigir meus atos por algo que não fosse uma vaga recordação. E uma recordação desse tipo me dizia, por exemplo: "Não dês demais aos mendigos, depois te arrependerás." Uma vez, quando era muito pequeno, conseguira uma moeda de dez centavos e tinha muitos desejos de dá-la a uma velha mendiga que costumava colocar-se entre as duas praças. Pois bem, parecia-me uma quantidade imensa de dinheiro, uma soma que provavelmente nenhum mendigo havia jamais recebido, e portanto me envergonhava fazer algo tão extravagante diante da mendiga. Mas de todos modos tinha de lhe dar o dinheiro; troquei a moeda, dei um centavo à velha, depois dei a volta inteira ao pomar da Municipalidade e da arcada, tornei a aparecer como um novo benfeitor pela esquerda, tornei a dar um centavo à mendiga, pus-me novamente a correr e repeti ditoso dez vezes a manobra. (Ou talvez menos, porque creio que em certo momento a mendiga perdeu a paciência e desapareceu.) De todos modos, no final me sentia tão esgotado, também moralmente, que fui correndo para minha casa e chorei até que minha mãe me desse os dez centavos.

Já vês, tenho má sorte com os mendigos, não obstante me declaro capaz de entregar toda a minha fortuna presente e futura, mudada nos bilhetes vienenses de menos valor, a uma mendiga junto à Ópera, sempre sob a condição de que tu estejas ao meu lado e que eu possa sentir tua proximidade.

FRANZ.

* * *

Terça-feira

Escrevo-te entre dois ditados, já que hoje consegui fazer um esforço para começar o meu trabalho.

Cartas tão breves, alegres ou pelo menos espontâneas como as duas de hoje são para mim quase (quase, quase, quase, quase) o bosque e o vento em tuas mangas e uma vista de Viena. Milena, como se está bem ao teu lado!

Hoje a jovem me mandou tua carta, sem acrescentar uma palavra, apenas umas linhas sublinhadas com lápis. Evidentemente, não está de acordo com ela; pois bem, como toda carta marcada com lápis tem seus defeitos, e ao vê-la tenho plena consciência da absurda impossibilidade de meu pedido e te peço mil vezes que me perdoes. De qualquer modo, também teria de pedir-lhe perdão a ela, porque, dissesse o que dissesse, era evidente que devia feri-la. Por exemplo quando escreves, com toda consideração: "porque ele não me escreveu nem falou nunca de você", a frase tinha que lhe doer, tanto como lhe teria doído se lhe tivesses dito o oposto. Uma vez mais, perdoa-me.

Com outra carta, a de Stasa, me fizeste em troca um grande favor.

* * *

Quinta-feira

É uma carta muito bonita, a de Stasa. Mas não se pode dizer por essa carta que naquela época fosse diferente do que é agora, na realidade não existe nada em sua carta, fala em teu nome, há uma unanimidade incrível entre ela e tu, algo quase religioso, como alguém que quase sem se comover, porque não se atreve a ser nada mais que um intermediário, relata o que ouviu dizer, algo que em todo caso — e essa consciência é importante e determina a arrogância e a beleza do todo — somente ele escutou e somente ele pode compreender. Mas não mudou nada, assim acredito eu; talvez hoje tornaria a escrever uma carta semelhante, se as circunstâncias fossem similares.

Com os relatos acontece algo notável. Não me deprimem porque sejam judeus, nem porque uma vez posto esse prato sobre a mesa todo judeu deve se servir de sua parte do alimento comum, repugnante, venenoso, mas também antigo e no fundo eterno, nem por isso me deprimem. Não poderás estender-me a mão por cima de tudo isto e deixar-ma longo, longo tempo?

Ontem encontrei o túmulo. Quando alguém o procura com timidez, é na verdade quase impossível encontrá-lo, além do mais eu não sabia que era o túmulo de teus parentes maternos, e por outra parte as inscrições mal se podem ler — o dourado se borrou quase totalmente — quando alguém se inclina muito atentamente. Permaneci longo tempo, o túmulo é tão formoso, tão indestrutıvelmente pétreo, isso sim, sem flores, mas de que servem esses montões de flores sobre os túmulos?, nunca pude compreender isso bem. Deixei alguns cravos multicores. No cemitério sentia-se melhor do que na cidade, o que não cessou ao sair, porque durante um bom espaço de tempo passei pela cidade como por um cemitério.

Jenícek era teu irmãozinho?

E já te curaste? Na fotografia de Neu-Waldegg pareces sem dúvida enferma, provavelmente seja uma exageração, mas de todos os modos apenas uma exageração. Ainda não tenho um verdadeiro retrato teu. Em um se vê uma jovem, distinta, delicada, elegante, que logo, talvez dentro de um ou dois anos, sairá do pensionato de religiosas (é verdade que as comissuras da boca caem um pouco para baixo, mas é somente uma marca de distinção e santidade eclesiástica); o outro retrato é um exagerado aviso de propaganda: "Assim se vive agora em Viena." De passagem, neste segundo retrato te pareces novamente, de uma maneira extraordinária, a minha misteriosa primeira amiga; algum dia te falarei dela.

Não, não irei a Viena, exteriormente porque somente seria possível mediante uma mentira, teria que mandar dizer ao escritório que estou enfermo, ou esperar dois feriados seguidos. Mas estes são obstáculos exteriores, meu pobre amiguinho (solilóquio). (De través na folha.) Escrevi-te todos os dias, provavelmente receberás as cartas.

O telegrama; obrigado, obrigado; retiro todas minhas censuras, embora tampouco fossem censuras, apenas era uma carícia com o dorso da mão, porque já há muito tempo deseja o que não tem. Há um instante veio visitar-me outra vez o poeta-gravador (embora especialmente seja músico), vem a cada instante, hoje trouxe-me duas gravações em madeira (Trotski e uma Anunciação; como vês, seu mundo não é nada reduzido); para sentir-me mais próximo de suas obras estabeleci precipitadamente uma relação entre tu e elas, disse-lhe que mandaria uma a uma amiga em Viena, o que teve a imprevisível conseqüência de que em vez de um exemplar me deu dois (guardo o teu aqui ou o queres logo?). Mas depois chegou o telegrama; enquanto eu o lia e lia-o incessantemente, com inexgotável alegria e gratidão, continuou falando sem se alterar (por outro lado não deseja incomodar, de modo algum, quando lhe digo que tenho algo a fazer, em voz alta para despertá-lo, interrompe a oração pelo meio e vai-se correndo, sem ofender-se em nada). A notícia em si é muito importante, com efeito, mas os pormenores serão mais importantes ainda. Especialmente: como farás para ciudar de ti como é preciso, é realmente impossível, pelo menos para mim um médico não poderia dizer-me nada mais absurdo. Ah, é bastante desagradável, mas de qualquer maneira obrigado, obrigado.

* * *

Há meia hora que estou lendo as duas cartas e o cartão-postal (sem esquecer o envelope; assombra-me que não apareça toda a seção classificadora do correio para pedir perdão em teu nome) e somente agora percebo que todo o tempo sorria. Existe porventura em toda a história universal um imperador mais afortunado do que eu? Entra em sua sala e ali o esperam as três cartas; e a unica coisa que tem a fazer é abri-las — esses dedos tão lentos! —, refestelar-se na poltrona e... não poder acreditar que essa felicidade aconteça a ele.

Não, nem todo o tempo ri, com respeito ao teu trabalho de carregar as valises não digo nada, porque na realidade não posso crê-lo, e se o creio, não posso imaginá-lo, e quando consigo imaginá-lo, te vejo tão formosa — não, isso já não era simples formosura, era uma exageração do céu — como aquele "domingo", e compreendo ao "senhor" (provavelmente te deu vinte coroas e pediu três de troco). Contudo, não posso crê-lo, e mesmo que tivesse acontecido admito que deve de ter sido tão terrível quão grandioso. Mas que não comas nada, e que passes fome (quando eu aqui, sem fome, me vejo obrigado a comer até não poder mais), e que tenhas olheiras (é impossível que tenham sido retocadas, privam-me da metade da alegria que me causa a fotografia, mas de qualquer modo fica o suficiente para fazer-me desejar beijar-te a mão durante tanto tempo que já não tivesses nesta vida oportunidade de voltar a traduzir ou carregar malas na estação), tudo isso não posso perdoar-te, e não to perdoarei nunca, e mesmo quando alguma vez dentro de cem anos estivéssemos sentados frente à nossa cabana, continuaria murmurando a mesma censura. Não, não brinco. Que contradição é essa? Dizes que me queres, quer dizer, que existes para mim, e passas fome **contra** mim, e aqui espera o dinheiro supérfluo e ali o restaurante **O Galo Branco.**

Perdoo-te excepcionalmente o que dizes da carta da jovem porque (enfim!) me chamas secretário (chamam-me de secretário porque é um verdadeiro segredo o que faço no escritório há três semanas) e também porque, fora disso, tens razão. Mas, é suficiente ter razão? E sobretudo: eu não tenho razão, não queres portanto carregar com um pouco de minha culpa — é possível, sei-o, somente depende da vontade —, passar por alto essa carta sem importância da jovem e revelar minha culpa, que surge dela tão evidente, em letras tão grandes? Fora disso, preferiria não ouvir falar mais dessa troca de cartas, que num momento de loucura propiciei. Devolvi-lhe tua carta, com algumas linhas afetuosas. Desde aí já não soube nada, não tenho ânimo para organizar outro encontro, espero que tudo termine em silêncio, amistosamente.

Defendes a carta a Stasa, embora eu ta agradeci tanto. Estiveste em Nau-Waldegg? E eu estou ali com tanta freqüência, é esquisito que não nos tenhamos encontrado. Sim, escalas e corres tão depressa, terás passado por diante de meus olhos sem que te visse, como já aconteceu uma vez em Viena. Que quatro dias tão esquisitos foram esses! Uma deusa sai do cinema, e uma pequena carregadora de malas aparece na plataforma; e esses foram quatro dias?

* * *

Max receberá hoje tua carta. Mais do que se podia ler sem abri-la, não li.

Sim, tens realmente má sorte com Landauer. E ainda te aprecia em alemão? Que fizeste, pobre menina (não menininha, cuidado!) atormentada e enlouquecida pelas minhas cartas? Não tenho razão ao dizer que minhas cartas te perturbam? Mas de que serve ter razão? Enquanto receba cartas sempre terei razão e tudo e quando não receba nenhuma não terei nem razão nem vida nem nenhuma outra coisa.

Sim, ir a Viena!

Por favor, mande-me a tradução, nunca terei bastantes coisas tuas nas mãos.

* * *

Sexta-feira

Sempre queres saber, Milena, se te amo, mas essa é uma pergunta difícil, que não se pode responder em uma carta (nem sequer na carta de domingo passado). Quando nos tornarmos a encontrar, sem dúvida to direi (se a voz não me falhar).

Mas não terias que insistir na viagem a Viena; não irei, mas cada vez que o mencionas é como se me colocasses um tição sobre a pele desnuda, já forma uma pequena pira que não se consome, que arde com força constante, ou antes, crescente. E não acredito que seja isto o que queres.

As flores que recebeste causam-me muito pesar. Tanto pesar que nem sequer posso decifrar que tipo de flores eram. E agora estão em teu quarto. Se eu fosse realmente o roupeiro me deslizaria para fora do quarto, em pleno dia. Pelo menos, até que as flores ficassem murchas eu permaneceria no vestíbulo. Não, isso não me agrada.

Tão distante está tudo, e não obstante vejo diante de meus olhos a folha da tua porta, tão próxima como este tinteiro.

É verdade que tenho o teu telegrama de ontem, não, de anteontem, mas ainda não se tinham murchado as flores. E por que te alegram tanto? Se são tuas "prediletas", pois então deverias alegrar-te por haver tantas de sua espécie sobre a terra; por que exatamente te alegras por essas? Mas talvez também essa seja uma pergunta demasiado difícil, que somente pode responder-se pessoalmente. Sim, mas então, onde estás? Estás em Viena? E onde é isso?

Não, não me esquecerei tão depressa das flores. Aquilo de Kärntnerstrasse não é mais que uma história de fantasmas, ou um sonho, sonhado durante um dia noturno, mas as flores são reais, enchem o vaso ("absurdo", dizes e aperta-as contra teu corpo), e não se atreve ninguém sequer a pisoteá-las porque, afinal de contas, são tuas "flores prediletas". Esperem, apenas saia Milena do quarto, arranco-as e as atiro ao pátio.

Por que estás triste? Aconteceu algo? E não mo dizes? Não, isso não é possível.

(À MARGEM ESQUERDA.) E por que estás triste?

Perguntas-me por Max, mas há muito tempo que te respondeu, não sei em realidade o quê; sei que no domingo pôs a carta diante de meus olhos. **Recebeste, de passagem, minha carta no domingo?**

Ontem foi um dia excepcionalmente intranqüilo, não dolorosamente intranqüilo, porém singelamente intranqüilo, talvez te conte isto em outro momento. O principal é que tinha teu telegrama no bolso, e foi uma grande ajuda. Existe uma bondade humana especial, que as pessoas ignoram. Por exemplo, se se vai à Ponte Checa, tira-se o telegrama do bolso e o lê (sempre parece novo; quando se leu avidamente até esgotá-lo o papel fica vazio, mas apenas se coloca no bolso torna a escrever-se outra vez, a toda velocidade). Depois, olha-se em torno, esperando ver rostos irritados, não propriamente de inveja, mas sim olhares que exprimem: "Como? Nada menos que tu recebeste este telegrama? Informaremos imediatamente a quem de direito. Pelo menos terá de enviar flores (um grande ramalhete) a Viena. Em todo o caso, estamos decididos a não passar tão facilmente por alto esse telegrama." Mas, em troca, tudo está em calma, até onde a vista alcança; os pescadores continuam olhando, os meninos jogam o futebol, o homem junto à ponte coleciona moedas. Se se olha mais atentamente percebe certo nervosismo, a gente faz esforços por continuar com suas tarefas, para não trair seus pensamentos. Mas justamente o fato de que fazem esse esforço é tão admirável, essa voz que em conjunto parece dizer: "Está bem, o telegrama te pertence, estamos de acordo, não nos importa que méritos alegas para recebê-lo, fechamos os olhos, podes guardá-lo para ti." E quando depois de um instante volto a tirá-lo, temo que por fim se considerem provocados ao ver que nem sequer permaneci imóvel, nem sequer me escondi; mas não, não se aborrecem, permanecem onde estão. (À margem esquerda.) E por que estás triste?

* * *

À noite voltei a falar com um judeu de Palestina; é impossível, creio, fazer-te compreender em uma carta quão importante é para mim esse homem baixinho, quase diminuto, débil, barbudo, torto. Mas sua lembrança me custou a metade de uma noite. Depois te contarei mais.

* * *

Quer dizer, então, que não tens passaporte e não esperas consegui-lo?

* * *

Quinta-feira

Milena, industriosa Milena, teu quarto modifica-se em minha lembrança; realmente antes não via a escrivaninha e o restante sob o ponto de vista do trabalho, mas agora há tanto trabalho, e sinto-o, me convence, deve ser magnificamente cálido e fresco e alegre estar em teu quarto. Apenas o guarda-roupa subsiste tão pesado como antes, e às vezes a fechadura está desarranjada e não entrega nada, mantém-se convulsivamente cerrado, negando-se especialmente a entregar esse vestido que vestias no "domingo". Isso não é um roupeiro; se te mudares alguma vez, o tiraremos.

* * *

Arrependo-me de algumas coisas que te escrevi nos últimos tempos, não te aborreças comigo. E por favor não te atormentes constantemente com a idéia de que é apenas por culpa tua, ou mesmo em grande parte por culpa tua, que não consegues livrar-te. Antes é culpa minha, alguma vez te escreverei sobre isso.

Quinta-feira, mais tarde

Para que não fique nenhuma dúvida, Milena.

Talvez não seja esta a melhor solução possível, talvez me fosse possível suportar algo mais de felicidade, algo mais de segurança, algo mais de abundância — embora não seja absolutamente seguro, especialmente em Praga —, mas depois de tudo em um termo médio, sinto-me muito bem e alegre e livre, um bem-estar completamente imerecido, que quase dá medo, e se as condições atuais se mantém um pouco sem desastres demasiado consideráveis, e cada dia recebo alguma palavra tua, e vejo que não te atormentas demais, provavelmente baste apenas com isso para curar-me pela metade. E por favor, Milena, não te preocupes mais; nunca entendi nada de física (apenas o da coluna de fogo, isso afinal de contas corresponde à física, não é verdade?) nem tampouco entendo nada da balança do mundo, e menos ainda me compreende ela a mim (que poderia fazer uma balança tão enorme com meus cinqüenta e cinco quilos sem roupa, nem os percebe, muito menos a poriam em movimento), e aqui estou tal como estava em Viena, e tua mão está na minha, enquanto queiras deixá-la.

* * *

O poema de Werfel é como um retrato, que contempla a todos, também a mim me contempla, e especialmente ao Mau mesmo que o escreveu.

* * *

Não compreendo bem tua observação sobre a licença. Aonde irias?

* * *

Sexta-feira

Não, realmente não estava tão mal. E além do mais, como poderia livrar-se de uma carga a alma, senão mediante um pouco de maldade? E por outra parte, mesmo hoje quase tudo o que escrevi me parece acertado. Compreendeste mal várias coisas, por exemplo aquilo do "único tormento"; porque esse único tormento é ver como te atormentas a ti mesma, não tuas cartas, que cada manhã me dão novas forças para suportar o dia e suportá-lo tão bem que não renunciaria a nenhum deles por nada (que não renunciaria a nenhuma das cartas, não faz falta dize-lo). E não sinto nada de ciúmes, creia-me, mas é difícil compreender que seja "supérfluo" sentir ciúmes. Sempre consigo não os sentir, mas apenas às vezes consigo compreender o supérfluo dos ciúmes.

Por fim tenho algo a contar a Max, tua opinião, por outra parte um pouco breve, sobre seu enorme livro. Na verdade, sempre pergunta por ti, como vais e que acontece, e tudo o preocupa cordialmente. Mas mal posso dizer-lhe nada, por sorte já o idioma é um obstáculo. Não posso falar de certa Milena que vive em Viena e depois acrescentar que "ela" pensa e diz e faz isto e aquilo. Porque tu não és nem "Milena" nem "ela", afirmá-lo seria um disparate, de modo que não posso dizer absolutamente nada. Tudo isto é tão compreensível e natural, que nem sequer me lamento.

Sim, em troca posso falar de ti com desconhecidos, e além do mais é um prazer esquisito. Se nessas circunstâncias me permitisse representar um pouco de comédia, o que me tenta bastante, o prazer seria maior ainda. Há pouco me encontrei com Rudolph Fuchs. Tenho-lhe muita simpatia, mas normalmente a alegria de encontrá-lo não teria sido por certo nunca tão grande, nem tampouco lhe teria dado a mão nunca com tanta energia. Ao mesmo tempo pensava que o resultado não seria grande coisa, mas por pequeno que fosse seria bastante, eu me dizia. A conversação dirigiu-se imediatamente para Viena e para suas amizades. Interessava-me muito ouvi-lo mencionar nomes, começou a enumerá-los; não, isso não era o que eu queria; eu queria ouvir os nomes das mulheres. "Sim, por exemplo estava Milena, você a conhece." "Sim, Milena", repeti e percorri com o olhar a Ferdinandstrasse, para ver o que opinava. Depois apareceram outros nomes, fui acometido pela antiga tosse, e a conversação desfaleceu. Como revivê-la? "Poderia dizer-me em que ano da guerra esteve em Viena?" "Em mil novecentos e dezessete". "Já vivia em Viena E.P.?" Não creio tê-lo visto nessa época.

"Não se tinha casado ainda?" "Não." Final. Poderia ter-me feito contar algo mais de ti, mas não me senti com forças.

* * *

Como vai com as tabletes e como passaste nos últimos tempos? Pela primeira vez voltas a mencionar-me tuas dores de cabeça.

Não poderias dizer-me algumas palavras sobre o projeto de Paris?

Aonde pensas ir de viagem? (A um lugar com bons correios?) **Quando?** Por quanto tempo? Seis meses?

Avisa-me imediatamente, sempre, em que revistas aparecem coisas tuas.

Como terias arrumado essa viagem de dois dias a Praga? (Pergunto por pura curiosidade.)

Graças pelo "Não obstante", uma palavra mágica que sempre me chega diretamente à alma.

* * *

Sexta-feira pela tarde

Encontrei em casa esta carta. Há muito que conheço a jovem, talvez tenhamos certo longínquo parentesco, pelo menos temos alguns parentes comuns, justamente esse primo que ela menciona e que esteve gravemente enfermo em Praga; ela e sua irmã cuidaram-no vários meses. Fisicamente não me agrada nada, tem cara redonda, muito grande, rubicunda, corpo pequeno e gorduchinho, forma de falar e sussurrante e que irrita. Não obstante, ouvi falar muito bem dela, quer dizer, ouvi que alguns parentes a criticavam em sua ausência.

Há dois meses minha resposta a uma carta semelhante teria sido muito simples: Não, não e não! Mas agora acredito que não teria direito. Não porque acredite poder ajudá-la em alguma coisa. Bismarck resolveu em poucas palavras o problema colocado por cartas semelhantes ao sugerir que a vida é um banquete mal organizado, onde se espera impacientemente as entradas, sem saber que já passou em silêncio o prato principal, e que portanto, é preciso acomodar-se a isso — ah, que estúpido é este tipo de engenho, que terrivelmente estúpido! —; mais por mim do que por ela lhe escreverei que estou disposto a vê-la; me puseste algo na mão, Milena, sinto que não me atrevo a conservá-la fechada.

Amanhã parte meu tio, voltarei a sair um pouco da cidade, a tomar ar, a enfiar-me na água, me faz muita falta.

A jovem não quer que ninguém a não ser eu leia a carta; cumpro o seu pedido ao mandar-ta. Por favor, destrói-a. Tem contudo uma frase bonita: "As mulheres não precisam grande coisa."

* * *

Sábado, mais tarde

Por mais voltas que eu dê à carta de hoje, esta carta querida, leal, alegre, portadora de felicidade continua sendo afinal de contas uma carta "libertadora". Milena no papel de libertadora! (se eu também fosse um, estaria ela comigo? Não, certamente que não). Milena no papel de libertadora, ela, que não obstante sabe por sua constante experiência própria que alguém só pode salvar aos outros pelo fato de existir, e de nenhum outro modo. E ela, que já me salvou mediante sua existência, tenta salvar-me adicionalmente empregando outros meios infinitamente mesquinhos em comparação. Quando se salva a um afogado, é, naturalmente, uma grande ação, mas quando em seguida lhe manda ao salvado uma subscrição para a escola de natação, como se pode qualificar? Por que quer o salvador facilitar tanto sua tarefa, por que não quer continuar salvando a outro por sua própria existência, sua própria existência sempre à mão, por que quer delegar sua obrigação ao mestre de natação ou ao dono do hotel em Davos? E, além do mais, peso cinqüenta e cinco quilos e quatrocentas gramas! E como podia voar, enquanto nos damos a mão? E se ambos voássemos, que importância teria? E em todo caso, a essência de tudo o que ficou dito é isto: que não há perigo de que me afaste de ti, jamais. Por outra parte, acabo de chegar das minas de chumbo de Merano.

* * *

Sábado, à noite

Ontem escrevera tudo isto, hoje queria acrescentar algo mais, mas já não tem importância. Voltei à casa: na obscuridade, sobre a escrivaninha, vi a carta inesperada; percorri-a precipitadamente, todo o tempo me chamavam para a mesa, comi alguma coisa, que por desgraça não queria desaparecer do prato senão quando o tragava, depois li a carta com atenção, lenta, rápida, louca, felizmente, assombrado — é na realidade incrível, a gente a vê e não quer acreditar nela, mais desmaia sobre ela, o que afinal de contas é uma forma de fé —, finalmente desesperado, desesperado, palpitante de desespero. "Não posso ir", já o sabia ao ler a primeira linha, e sabia-o ao ler a última; não obstante estive, nesse ínterim, muitas vezes em Viena assim como em uma noite de vigília e insônia se tem duzentos sonhos que talvez durem meio minuto. Depois fui ao correio, telegrafei para ti, senti-me um pouco mais tranqüilo e agora aqui estou sentado, diante da dolorosa tarefa de te explicar que não posso ir. Pois bem, dizes que não sou débil e que, portanto, talvez possa fazê-lo, sobretudo talvez possa suportar as semanas próximas, cujas horas já começam a perguntar-me com sorriso lacrimoso: "Quer dizer que realmente não foste a Viena? Recebeste essa carta e não foste a Viena? Não foste a Viena? Não foste a Viena?" Não compreendo a música, mas infelizmente compreendo melhor essa música que todos os melômanos.

Não posso ir porque não posso mentir no escritório. Posso mentir no escritório, mas apenas por dois motivos: por temor (é um privilégio exclusivo do escritório, é o que corresponde; nesse caso minto sem preparação, de coração, inspirado) ou por extrema necessidade (por exemplo se estivesse "Elsa enferma", Elsa, Elsa [1], não tu, Milena, tu não estás enferma, porque isso sim seria um caso de extrema necessidade, e disso não quero

(1) Possivelmente uma chave telegráfica. "Elsa está enferma" poderia significar 'Vem".

falar); bem, por necessidade poderia mentir imediatamente, não seria preciso nenhum telegrama, a necessidade é algo que se tolera no escritório, nesse caso iria com permissão ou sem ela. Mas se de todos os motivos que poderia ter para mentir o principal fosse a felicidade, a necessidade da felicidade, já não poderia fazê-lo, assim como não poderia erguer pesos de vinte quilos. Se me apresentasse diante do diretor com o telegrama de Elsa, com toda a certeza me caíria ele das mãos, e se me caísse, com toda a certeza eu pisaria minha própria mentira, e desde que o fizesse, sairia correndo da sala do diretor sem nada lhe pedir. Pensa um pouco, Milena: o escritório não é uma estúpida instituição qualquer (também o é, e em elevado grau, mas não falo disso, por outra parte é mais fantástica que estúpida), até agora foi minha vida, não posso desprender-me dele tão facilmente, por certo, e ainda que isto talvez não fosse tão inconveniente, por enquanto continua sendo minha vida; posso comportar-me com ele sem maiores contemplações, trabalhar menos que os outros (faço-o) fazer mal o meu trabalho (faço-o), dar-me apesar disso ares de importância (faço-o), aceitar tranqüilamente como algo natural o tratamento mais considerado que seja imaginável no escritório; mas sentir, de súbito, para ir viajar como uma pessoa livre, quando apenas sou um empregado assalariado, para ir aonde "nada" me obriga, salvo o palpitar natural do coração, não, não posso mentir desse modo. Não obstante, já antes de receber tua carta queria escrever-te que esta mesma semana pensava renovar meu passaporte ou pelo menos pô-lo em dia, para não ter o menor obstáculo quando minha presença seja realmente necessária.

* * *

Releio o escrito e vejo que não disse exatamente o que pensava, sem dúvida não sou bastante "forte" se não posso expressá-lo como corresponde (outra coisa: talvez mentir no trabalho me custe mais a mim do que a alguém que pense — como pensam os empregados, em sua maior parte — que constantemente cometem injustiças com eles, que trabalham mais do que é devido — se assim acreditasse, já estaria no rápido para Viena — que o escritório é uma máquina estupidamente dirigida mal — ele a dirigiria muito melhor — onde por culpa dessa má direção está obrigado a desempenhar uma função inadequada — já que sua capacidade o indica para ser a Super-super-roda e aqui tem de trabalhar como sub-sub-roda — etc.; mas para mim o escritório, como o foram a escola primária e secundária, a universidade, a família, tudo é uma pessoa viva, que me contempla, esteja onde estiver, com seus olhos cheios de inocência; uma pessoa à qual estou ligado de um modo desconhecido, embora mais estranha para mim do que as pessoas que neste momento ouço passar em automóvel pela praça. Sim, é-me estranha até o absurdo, mas isso justamente merece consideração, quase não faço esforços para esconder minha condição de estranho, mas quando o reconhecerá essa inocência; em uma palavra, não posso mentir). Não, não sou forte e não posso escrever, não posso fazer nada. E agora, Milena, mesmo tu te afastas de mim, não por muito tempo, eu o sei, mas lembra-te que não se pode ficar muito tempo com o coração paralisado, e enquanto tu te afastas, como pode o coração bater?

Se pudesses telegrafar-me ao receber esta carta! Este é um grito, não um pedido. Mas, faze-o somente se não lhe dá nenhum incômodo. Apenas nesse caso, já vês que nem mesmo sublinho estas palavras.

Tinha esquecido um terceiro motivo que me incitaria a mentir: se estivesses ao meu lado. Mas então seria a mentira mais inocente do mundo, já que na sala do diretor apenas estarias tu.

* * *

Domingo

Não sei o que me dirás da carta do sábado à noite e não o saberei por muito tempo; de qualquer modo, aqui estou no escritório, tenho de trabalhar no domingo (também uma notável instituição, fica-se aqui sentado, é suficiente, outros trabalham menos que de costume, eu exatamente o mesmo), o céu está coberto, de súbito chove, de súbito a luz que passa por entre as nuvens não me deixa escrever; é exatamente como é, triste e pesado. E embora dizes que sinto o afã de viver, hoje não sinto nada; que me importam a noite de hoje, o dia de hoje? No fundo, não obstante, (de vez em quando torna a aparecer essa querida palavra), sinto um pouco esse afã que mencionas, mas na superfície muito pouco. Gosto tão pouco de mim mesmo, por outra parte; estou sentado diante da porta do diretor, o diretor não está, mas não se assombraria nada que entrasse por essa porta e me dissesse: "Tampouco me agrada você, por conseguinte, está despedido." "Obrigado", lhe diria eu, "precisava muito disso para fazer uma viagem a Viena." "Muito bem!", diria ele, "agora torna a agradar-me e retiro o que disse." "Ah!", diria eu, "então fico como antes sem poder viajar." "Ah, sim", diria ele, "então já não me agrada mais e o despeço." E assim continuaria infinitamente.

Ontem à noite, creio que pela primeira vez desde que cheguei a Praga, sonhei contigo. Um sonho matutino, curto e pesado, mas afinal de contas um pouco de sonho roubado à noite má. Pouco me lembro dele. Estavas em Praga, íamos juntos pela Ferdinandstrasse, mais ou menos frente a Vilimek, em direção do rio, alguns conhecidos teus passavam do outro lado, voltávamo-nos, tu falavas deles, talvez também falávamos de Krasa (1) (não está em Praga, eu o sei, perguntarei seu endereço). Tu falavas como sempre, mas havia algo intangível de recusa no que dizias, não muito evidente; eu não o mencionava, porém me maldizia, com o que apenas expressava a maldição que pesava sobre mim. Depois estávamos em um café, provavelmente o café **União** (ficava, por outra parte, de passagem), havia um homem e uma jovem em nossa mesa, mas não posso recordá-los; depois outro homem muito parecido a Dostoievski, mas jovem, com a barba e o cabelo negros; tudo, por exemplo, as sobrancelhas, as protuberâncias frontais muito marcadas. Depois ficamos tu e eu. Continuavas com teu ar de recusa, mas sem fazer referências a ele. Tinhas o rosto empoado — algo tão lastimoso e notável que não me permitia afastar o olhar —, ainda mais, exagerado, estúpido, ridiculamente empoado, provavelmente também fazia calor, e tinham-se-lhe formado uns desenhos sob o pó das faces, ainda os vejo. Constantemente me inclinava para perguntar-te por que te havias empoado; quando percebias que eu queria perguntá-lo mo impedias inquirindo amavelmente: "Que queres?"; o tom de recusa não era perceptível. Mas não podia perguntar-te isto, não me atrevia, e ao mesmo tempo percebia que esse empoamento era uma prova para mim, uma prova absolutamente decisiva; deveria ter averiguado, queria averiguar, mas não me atrevia. Assim girava sobre mim o triste sonho. Também me fazia sofrer o homem igual a Dostoievski. Comportava-se comigo como

(1) Hans Krasa, compositor, morto num campo de concentração.

tu, não obstante com uma pequena diferença. Quando eu lhe perguntava algo, mostrava-se muito amistoso, interessado, franco, aproximava-se, mas quando eu já não sabia o que lhe perguntar nem que dizer — e isso acontecia a cada momento — retirava-se com uma sacudida, imergia na leitura de um livro, desinteressava-se do mundo e especialmente de mim, desaparecia atrás de sua barba e seu cabelo. Não sei por que isso me era insuportável, constantemente se repetia — não me restava outro remédio —, eu tinha que fazê-lo voltar com uma pergunta, e constantemente o perdia, sempre por culpa minha.

Hoje tenho um pequeno consolo, que não podes proibir-me: aqui diante de meus olhos está a **Tribuna** ([1]), nem mesmo tive que faltar à minha promessa de não comprá-la, pedi-a emprestada a meu cunhado; melhor dito, meu cunhado ma emprestou. Por favor, permita-me esta felicidade. Essencialmente não me importa nada o conteúdo, mas em troca ouço a voz, minha voz!, entre o bulício do mundo, deixa-me essa felicidade. E também o artigo inteiro é tão formoso. Não sei como explicá-lo, afinal das contas apenas leio com os olhos, como é possível que imediatamente se introduza em meu sangue e lhe infunda calor? E é também alegre. Naturalmente, pertenço ao segundo grupo: esse peso nos pés é quase propriedade minha, e não estou absolutamente de acordo com a publicidade que se dá a meus assuntos particulares; alguém disse uma vez que nado como um cisne, mas não era nenhum elogio. Além do mais é excitante. Vejo-me como um gigante, que com os braços estendidos procura afastar de ti o público — custa-lhe muito trabalho, porque deseja afastar ao público e ao mesmo tempo não perder nem uma palavra nem um segundo tua presença —, esse público por outra parte provavelmente louco, soberanamente estúpido, e além do mais feminino, que sem dúvida exclama: "Onde está a Moda? Bem, de uma vez por todas, onde está a Moda? O que temos visto até agora é somente "Milena". Somente, e desse Somente vivo. Na realidade tomei todo o resto do mundo em meus braços e atirei-o à profundidade do mar, como Münchhausen com as colunas de Gibraltar. Como? Todo o resto do mundo? E dizer mentiras? Não serei capaz de dizer uma mentira no escritório? Bem, aqui estou sentado,

(1) Importante semanário checo de Praga, onde também Milena colaborava.

tudo prossegue melancólico como no princípio, e amanhã não haverá carta, e meu sonho será a última notícia tua por alguns dias.

* * *

Domingo à tarde

Bem, rápido, aqui está a possibilidade, pensar que dispomos dela todas as semanas; não sei como não me ocorreu antes; de qualquer modo, antes preciso conseguir o passaporte, não é tão fácil como tu acreditas, e sem Ottla [1] quase impossível.

Saio no rápido sábado à tarde, chego (amanhã verei exatamente o horário) por volta das duas da madrugada a Viena. Tu, enquanto isso, me tiras na sexta-feira o bilhete para Praga, no rápido de domingo; e me telegrafas que o tens, sem esse telegrama não posso sair de Praga. Esperas-me na estação, e nos restam umas quatro horas para estar juntos, até as sete da manhã do domingo; depois retorno.

Esta é, portanto, a solução, um pouco triste na verdade, apenas quatro cansadas horas da noite juntos. (E onde? em algum hotel da estação de Francisco José?), mas de todos os modos é uma solução, que não obstante melhoraria indescritivelmente se tu — mas existe a possibilidade? — viesses encontrar-me em Gmünd, onde passaríamos a noite. Gmünd, fica sem dúvida na Áustria? Então não precisas passaporte. Chegaria por volta das dez da noite, talvez antes, e voltaria no domingo com o rápido (no domingo é fácil conseguir lugar) por volta das onze da manhã; e, supondo que houvesse outro trem de passageiros, um pouco mais tarde. Como farás para ir e voltar, não posso imaginá-lo.

Que me dizes? É notável que agora tenha de perguntar-te isto, quando passei o dia inteiro conversando contigo. O endereço de Krasa: Hotel Stern, Marienbad.

* * *

Segunda-feira

Quer dizer que o telegrama não era uma resposta, mas a carta de quinta-feira à tarde sim. Quer dizer que a insônia

(1) Irmã de Kafka, que desempenhou em sua vida um importante papel.

era justificada, e a horrível tristeza desta manhã era justificada. Sabe o teu marido do sangue? Não é preciso exagerar; na realidade, talvez não seja nada, as hemorragias se produzem por muitos motivos, mas afinal de contas sempre é sangue, e não se pode esquecer isso. E tu vives em meio a tudo isso tua vida alegre e heróica, vives realmente como se reclamasses ao sangue: "Vamos, corre, corre de uma vez." E o sangue, por certo, obedece. E que será de mim, aqui, isso não te importa nada em absoluto, e naturalmente não és nenhuma "criança de peito" e sabes o que fazes; não obstante, insistes em que eu fique aqui na margem de Praga, enquanto tu te afogas adrede no mar de Viena, diante de meus olhos. E o fato de que não tenhas o que comer, não é por si só uma necessidade? Ou pensas que é uma necessidade mais minha que tua? É claro que nesse sentido também tens razão. E por infelicidade não poderei mandar-te mais dinheiro, porque agora ao meio-dia me vou para casa e deito todo este dinheiro inútil na fornalha da cozinha. Assim chegamos a separar-nos definitivamente, Milena, e ao que parece apenas nos resta em comum o intenso desejo de que estejas aqui e que teu rosto se aproxime em qualquer parte o mais possível do meu. E, naturalmente, também o desejo de morrer, esse desejo de uma morte "cômoda" que ambos temos, mas na realidade é um desejo de criança, assim como quando eu, por exemplo, na hora de matemática, ao ver que o professor sobre o estrado folheava o livro de classificações e provavelmente procurava meu nome, comparando a imensidade de minha ignorância com esse espetáculo de poder, terror e realidade, e quase sonhando de angústia, desejava erguer-me como um espírito e como um espírito atirar-me por entre os bancos e com a mesma ligeireza de meus conhecimentos matemáticos desaparecer voando da vista do professor, atravessar de algum modo a porta, materializar-me do lado de fora e sentir-me novamente livre nesse ar formoso, que em toda a extensão do mundo que eu conhecia não possuía tensões comparáveis às dessa aula. Sim, teria sido "cômodo". Mas não acontecia assim. Chamavam-me, davam-me um problema, para resolvê-lo era preciso a tábua de logaritmos, tinha-a esquecido, mas mentia, dizia que a tinha na carteira (porque pensava que desse modo o professor me emprestaria a sua), me mandavam novamente ao banco buscá-la, eu percebia com espanto nem sequer simulado (no colégio não precisei nunca simular espanto) que a tábua não estava ali, e o professor (anteontem o encontrei) me dizia: "Crocodilo hipócrita!" Punham-me imediatamente um zero, e isso no fundo era muito conveniente, já que afinal de contas era uma classificação de pura fórmula, e além do mais injusta (eu havia mentido, é verdade, mas ninguém podia demonstrá-lo, era uma injustiça?), sobretudo não fora obrigado a revelar minha vergonhosa ignorância. De modo que em conjunto tudo isso era também bastante "cômodo", e demonstrava que em circunstâncias favoráveis também podia alguém "desaparecer" sem sair da sala, e as possibilidades eram infinitas, e até se podia "morrer" em vida. (Escrito com lápis sobre esta página e a seguinte.) Falo assim somente porque junto a ti, apesar de tudo, me sinto tão bem.

Somente uma possibilidade não existe — por cima de toda conversa aparece com clareza — a de que entres neste momento e permaneças aqui e falemos de tua cura com toda seriedade; e justamente essa seria a possibilidade mais urgente.

* * *

Hoje queria dizer-te muitas coisas, antes de ler as cartas, mas que se pode dizer diante desse sangue? Por favor, escreve-me logo o que te disse o médico e que espécie de indivíduo é.

Descreves mal o remorso da estação, não hesitei um só instante, tudo era tão naturalmente triste e formoso, e estávamos tão sós, que era incompreensivelmente cômico como a gente, que afinal de contas não existia, de súbito se revelava e queria abrir a barreira da plataforma.

Mas diante do hotel foi exatamente como dizes. Quão formosa estavas? Ou talvez não estavas? Teria sido sem dúvida muito extraordinário que te tivesses levantado tão cedo. Mas se não estavas, como podes saber exatamente tudo o que aconteceu?

* * *

Segunda-feira, mais tarde

Ah, acabam de chegar tantos documentos! E para que trabalho, com a cabeça cheia de insônia? Para que? Para a fornalha da cozinha.

* * *

E agora, para cúmulo, o poeta, o primeiro; também é gravador em madeira, pintor de águas-fortes, e não se vai, e está tão cheio de vida que me atira tudo em cima, e vê que tremo de impaciência, que minha mão treme sobre esta carta, já tenho a cabeça caída sobre o peito, e não se vai, este jovem bondoso, cheio de vida, feliz e desgraçado, extraordinário; mas para mim, neste momento, espantosamente pesado. E a ti sai o sangue pela boca.

* * *

No fundo sempre escrevemos o mesmo. Pergunto-te se estás enferma, depois tu mo perguntas, digo que quero morrer, e tu também o dizes, quero chorar como uma criancinha diante de ti, e então tu queres chorar diante de mim como uma menininha. E uma e dez mil vezes e sempre quero estar a teu lado, e tu me dizes o mesmo. Suficiente, suficiente.

E continuo sem saber o que disse o médico, oh lenta, oh péssima correspondente, oh má, oh amada, oh tu... bem, que mais? nada, silenciar em teu regaço.

* * *

Segunda-feira, pela tarde

Seria um mentiroso se me conformasse com o que disse na carta desta manhã e não acrescentasse uma palavra mais, exatamente diante de ti, quando com ninguém posso falar mais livremente, porque ninguém se pôs nunca do meu lado como tu, consciente e voluntariamente, apesar de tudo, apesar de tudo (saberás distinguir entre o grande "apesar de tudo" e o grande "não obstante").

As mais formosas de tuas cartas (e já é muito dizer, porque na verdade são em sua totalidade, quase linha por linha, o mais formoso que me aconteceu na vida) são aquelas nas quais justificas meu "temor" e ao mesmo tempo procuras explicar-me que não devo senti-lo. Porque também eu, embora às vezes pareço um advogado corrupto de meu "temor", é provável que no fundo o justifique, e mais, sei que é parte de mim e que talvez seja a melhor parte. E como é o melhor que tenho, também é provável que seja por isso o único que te agrade. Porque, de outro modo, que se poderia encontrar em mim que agradasse? Em troca isso pode agradar.

E quando me perguntas como é possível que tenha passado "bem" o sábado com esse temor na alma, não é difícil responder. Pelo fato de amar-te (e é evidente que te amo, oh tolinha, assim como ama o mar a uma pedrinha diminuta no seu fundo, exatamente assim te cobre meu amor — e oxalá possa ser a teu lado também a pedrinha, o céu o permita), amo ao mundo inteiro, o que inclui teu ombro esquerdo, não, primeiro foi o direito, portanto o beijo quando se me ocorre (e quando tens a amabilidade de despir a blusa), e também inclui o ombro esquerdo e teu rosto sobre mim no bosque e teu rosto debaixo de mim no bosque e o repousar sobre teu peito quase desnudo. E por isso tens razão ao dizer que já uma vez fomos um, e nesse sentido não sinto nenhum temor, não, antes é minha única felicidade e meu único orgulho e não o restrinjo unicamente ao bosque, de modo algum.

Não obstante, entre esse mundo de dia e essa "meia hora na cama", que uma vez designaste depreciativamente como "coisa de homens", existe para mim um abismo que não posso atravessar, provavelmente porque não o desejo. O do outro lado é coisa da noite, em todo sentido e completamente uma coisa da noite, para voltar a possuí-la uma vez mais. Pode-se porventura tornar a possuir uma coisa? Não quererá dizer: perdê-la? Aqui está o mundo, em meu poder, como passar daquele lado, por um sinistro feitiço, por um fantasma, uma pedra filosofal, uma alquimia, um círculo mágico? Fora, fora, a idéia me aterra espantosamente.

Querer surpreender em uma noite, por arte de magia, velozmente, arquejante, indefeso, obcecado, querer surpreender por arte de magia o que cada dia oferece aos olhos! ("Quiçá" não possa engendrar meninos de outro modo, "quiçá" também os meninos sejam um feitiço. Mas deixemos esse problema.) Por isso justamente estou tão agradecido (a ti e a todos) e também por isso é natural que a teu lado sinta o cúmulo da tranqüilidade e da intranqüilidade, o cúmulo da inibição e da liberdade, e além do mais, por isso, ao compreendê-lo renunciei a toda outra vida. Olha-me nos olhos!

* * *

Tive de inteirar-me através da senhora K. que os livros da mesinha de cabeceira foram trasladados ao escritório. Certamente, devias ter-me perguntado se aprovava esse traslado. E teria te respondido: Não!

* * *

E agora agradeça-me. Soube reprimir com êxito o desejo de acrescentar a este último parágrafo algo disparatado (algo disparatado de ciúmes).

* * *

Mas com isto basta, agora fala-me de Emilie.

* * *

Segunda-feira, à tarde

Já é tarde, depois de um dia apesar de tudo bastante triste. Amanhã certamente não receberei carta tua, já tenho a de sábado, se tivesse uma de domingo apenas poderia chegar depois de amanhã, portanto o dia carecerá da influência direta de uma carta. É notável como me deslumbram tuas cartas, Milena. Mas desde há uma semana ou mais, não obstante, sinto que algo te aconteceu, algo repentino ou paulatino, algo fundamental ou incidental, algo claro ou apenas a meias consciente; mas que algo existe, isso indubitàvelmente o sei. Não o percebo tanto por alguns pormenores das cartas, embora também esses pormenores existem, porém antes no fato de que as cartas estejam cheias de recordações (e cheias de recordações muito especiais); de que em verdade continues respondendo-me a tudo o que te pergunto, mas não exatamente a tudo, entretanto; de que estejas triste sem motivo, procures mandar-me a Davos, desejes tão inesperadamente esse encontro. (Havias aceitado sem discutir meu conselho de não vir a Praga; tinhas-me explicado que não nos convinha encontrar-nos em Viena; disseras-me que não nos encontraríamos antes de tua viagem; e agora, nas últimas duas ou três cartas, essa pressa. Naturalmente, teria que me alegrar muito, mas não posso, porque percebo em tuas cartas certo temor secreto, não sei se por mim ou de mim, e também se percebe o temor na pressa repentina com que queres que nos vejamos. De todas as maneiras estou muito contente de ter descoberto algum modo, porque indubitavelmente é possível. Mesmo se não pudesses passar a noite fora de Viena, isso se arranjaria sacrificando algumas horas do encontro. Tomas o rápido a Gmünd às sete da manhã — como eu na outra vez — chegas por volta das dez, te encontro e volto por volta das quatro e meia; de algum modo teremos estado umas seis horas juntos. Depois voltas a Viena com o rápido da noite e chegas por volta das doze menos um quarto, uma pequena excursão dominical.)

Bem, por isso estou inquieto, ou antes não estou inquieto, tão grande é o teu poder. Em vez de estar mais inquieto que simplesmente inquieto, porque ao silenciar escondes algo, ou deves escondê-lo, ou sem saber o escondes, em lugar de sentir-me por isso mais inquieto, permaneço tranqüilo, tão grande é a minha confiança em ti. Embora me escondas algo, esse ocultamento será sem dúvida justificado, penso eu.

Mas também por outro motivo realmente extraordinário me sinto tranqüilo apesar de tudo. Possuis uma qualidade — e creio que é uma qualidade que pertence ao mais profundo de teu ser, e **é culpa dos outros** se às vezes fracassa — que não encontrei em nenhuma outra pessoa; ainda mais, apesar de tê-la descoberto em ti, nem sequer posso imaginá-la perfeitamente. É a qualidade de não poder fazer sofrer a ninguém. Não é que não o possas, por exemplo, por compaixão, porém simplesmente porque não podes. Não, tudo isto é fantástico, passei quase toda a tarde pensando nisso, e agora não me atrevo a escrevê-lo, talvez no fundo apenas seja uma desculpa mais ou menos grandiloqüente para um abraço.

E agora, para a cama. **Que fazes tu neste momento, segunda-feira às onze da noite?**

* * *

Terça-feira

Conheces muito pouco às pessoas, Milena. Há muito que eu lhe disse isso. Muito bem, "Elsa está enferma", não era impossível, talvez me tivessem deixado ir a Viena, mas a velha tia Clara? Acreditas realmente que posso, apesar de tudo, ir ver o diretor e falar-lhe da tia Clara sem pôr-me a rir? (Naturalmente, e nisso demonstras conhecer às pessoas, todos os judeus têm uma tia Clara, mas a minha faleceu há tanto tempo...) Enfim, é totalmente impossível. Sorte que não precisemos mais dela. Deixa-a morrer, de qualquer modo não está só, Oscar está ao seu lado. De passagem, quem é Oscar? A tia Clara é a tia Clara, mas, quem é Oscar? Seja o que for, está com ela. Espero que ele também não fique doente, esse caçador de heranças (1).

* * *

Uma carta, afinal das contas, e que carta! Com referência às cartas da noite, não vale o que disse a princípio, mas uma vez que esta (como já disse: tranqüila) inquietude se instala em mim, tampouco elas podem dissipá-la. Que formoso será voltar a ver-nos! Talvez te telegrafe amanhã ou depois de amanhã (hoje Ottla foi buscar-me o passe) se posso ir neste mesmo sábado a Gmünd (para ir a Viena esta semana já é, naturalmente, muito tarde, porque teria de ter tirado a passagem no rápido), responde-me telegraficamente se também tu podes ir. Vai portanto ao correio à noite, assim recebes mais rápido o telegrama. Faremos isto: Se o telegrama diz: "impossível", significa que não posso ir esta semana. Neste caso não esperaria o telegrama de resposta, e nos poremos de acordo por carta (por certo durante as outras quatro semanas nosso encontro dependerá de onde decidas passar tuas férias, provavelmente mais distante ainda de mim, nesse caso não poderíamos ver-nos até depois de um mês). Se o telegrama diz: "Posso ir sábado a Gmünd", significa que espero tua resposta, já seja "Impossível" ou "Estarei sábado em Gmünd", ou "Estarei domingo em Gmünd". **Nos dois últimos casos, ficamos de acordo em que não é preciso continuar mandando telegramas.** Não, para que estejas bem certa de que teu telegrama chegou, responder-te-ei: "Viajamos ambos a Gmünd", e vemo-nos no sábado ou no domingo. Tudo isto parece à primeira vista bastante simples, realmente.

* * *

Perdi quase duas horas, tive de interromper a carta. Veio verme Otto Pick (2). Estou cansado. Quando nos veremos? Por que em uma hora e meia apenas se consegue ouvir teu nome três vezes somente? Onde estás? Em viagem para a

(1) Evidentemente, Milena queria enviar um telegrama, e em lugar de "Elsa está enferma", propunha: "Tia Clara grave, vem. Oscar".

(2) Escritor de Praga, colaborador do periódico **Prager Presse** e velho amigo de Kafka.

aldeia da cabana? Eu também vou para ali, é uma viagem muito longa. Não te preocupes por isto, por favor, aconteça o que acontecer os dois iremos para lá, mais do que ir não se pode fazer.

* * *

Terça-feira

Onde está o médico? Percorro toda a tua carta, sem lê-la, somente à procura do médico. Onde está?

Não durmo nada; não direi que não durmo por isso, os amusicais não perdem tanto o sono pelas desgraças reais como pelas outras; não obstante não durmo nada. Haverá transcorrido muito tempo desde a viagem a Viena? Terei elogiado excessivamente minha felicidade? Não é bastante o leite, e a manteiga e a salada, preciso além disso do alimento de tua presença? Provavelmente o motivo não é nenhum destes, mas os dias não são nada agradáveis. Além disso, há três dias que perdi a felicidade de viver na casa vazia, agora estou em casa (por isso, por outra parte, recebi tão depressa teu telegrama). Talvez não seja justamente o vazio da casa o que me faz tanto bem, ou pelo menos não seja esse o motivo principal, porém o fato de possuir duas casas, uma para o dia e a outra, mais distante, para o entardecer e a noite. Compreendes isso? Eu não, mas assim é.

Sim, o guarda-roupa. Provavelmente será o causador de nossa primeira e última batalha. Eu te direi: "Tirâmo-lo". Tu dirás: "Guardâmo-lo". Te direi: "Escolhe entre ele e eu". Tu dirás: "Certamente: escolho o guarda-roupa." "Bem", direi eu, e descerei lentamente a escada (qual?) e... se ainda não encontrei o canal do Danúbio, ainda estarei vivo.

E por outra parte tenho-lhe muita simpatia, ao guarda-roupa, o que não deves usar é o vestido. Gastá-lo-ias todo, e que me restaria então?

Estranho, aquilo da tumba. Na realidade procurei-a nesse lugar, mas apenas timidamente. Preferi em troca percorrer com grande afinco círculos cada vez maiores e finalmente enormes em torno dela e como remate acreditei que uma capela totalmente diferente era a verdadeira.

Assim é que partes e ainda não conseguiste visar o passaporte. **E desse modo se dissipa a segurança de que em** caso necessário acorrerias imediatamente. E ainda queres que durma. E o médico? Onde está? Ainda não chegou?

Não emitiram selos especiais para o Congresso, eu também acreditei que eles seriam emitidos. Com grande decepção de minha parte hoje me trouxeram os "selos do Congresso", são os selos de sempre, com o carimbo do Congresso; não obstante, por causa desse carimbo devem ser bastante valiosos, mas o rapaz certamente não poderá compreender isso. Mandar-te-ei um selo por vez, nada mais, primeiro porque são tão valiosos e segundo para receber todos os dias uma linha de agradecimento.

Estás vendo, precisas de uma pena, por que não teremos aproveitado melhor o tempo em Viena? Por que, por exemplo, não ficamos todo o tempo na papelaria, era tão agradável e estávamos tão próximo um do outro?

Suponho que não terás lido ao guarda-roupa em voz alta minhas estúpidas brincadeiras. Afinal de contas, adoro até a loucura quase tudo o que existe em teu quarto.

* * *

E o médico?

Vês com freqüência ao colecionador de selos? Não é uma pergunta capciosa, embora o pareça à primeira vista. Quando se dormiu mal, pergunta-se sem saber o que: Desejar-se-ia continuar perguntando eternamente, ainda mais, não dormir não é mais do que perguntar: se se conseguisse uma resposta, dormir-se-ia.

* * *

E esta declaração de irresponsabilidade moral é, no fundo, muito triste. Conseguiste afinal o passaporte?

* * *

Terça-feira

Uma carta de sexta-feira; se não escreveste na quinta-feira, está bem, conquanto não se perca nenhuma.

* * *

O que dizes de mim é terrıvelmente perspicaz, não quero acrescentar-lhe um nada, deixêmo-lo tal como está. Apenas quero expressar com um pouco mais de clareza algo que por outra parte também tu dizes: Minha infelicidade consiste em acreditar que todo mundo — e, naturalmente, aqueles sobretudo que me parecem mais destacados — é bom; creio-o bom com a razão, com o coração (neste momento entrou um homem e assustou-se, porque fiz uma careta no vazio expressando esta opinião). Apenas meu corpo pode de algum modo não acreditar que se se apresenta a ocasião a gente será realmente boa; meu corpo assusta-se e antes que esperar a prova (nesse sentido) realmente redimiria o mundo, preferiria arrastar-se lentamente parede acima.

* * *

Começo novamente a abrir cartas, ontem à noite outra. És muito infeliz por minha culpa (talvez contribuam outros motivos, tudo influi sobre tudo), dize-o cada vez mais e mais abertamente. Naturalmente, não se pode fazer tudo de uma só vez.

* * *

Ontem fui ver o médico. Contrariamente ao que esperava, nem ele nem a balança me acham melhor, embora tampouco pior, na realidade. Mas é de opinião que devo ir-me. Mencionou o Sul da Suíça, mas depois de minha explicação admitiu imediatamente que era impossível; no mesmo instante, sem a menor ajuda de minha parte, me recomendou dois sanatórios da Baixa Áustria, os melhores, segundo disse: o Grimmenstein (doutor Frankfurter) e o Wiener Wald, embora no momento não sabe a direção postal de nenhum dos dois. Não poderias, se houver a oportunidade, averiguá-lo em alguma farmácia, ou perguntando-o a um médico, ou em algum guia de telefones ou de correios? Não há pressa. Nem tampouco quer dizer que tenha resolvido ir. Tratam-se de sanatórios exclusivamente pulmonares, casas onde se passam o dia e a noite tossindo e tremendo de febres em sua totalidade, onde é preciso comer carne, onde ex-verdugos retorcem os braços dos enfermos se se negam a receber uma injeção, sob o olhar de médicos judeus que acariciam as barbas, tão duros com os judeus como com os cristãos.

* * *

Em uma de tuas últimas cartas dizes algo (não me atrevo a trazer à luz estas últimas cartas, talvez tenha-as lido demasiadamente depressa e tenha-as entendido mal, é o mais provável), algo assim como que tua situação está chegando ao seu termo definitivo. Quisera saber quanto existe nisso de desesperação momentânea e quanto de verdade permanente.

* * *

Tornei a reler tua carta e retiro o "terrivelmente"; pensando-o bem, faltam muitas coisas e sobram outras, de modo que agora é somente "perspicaz". Na verdade, é muito difícil para uma pessoa brincar de roda com fantasmas.

Viste Blei? Que faz? Que tudo foi uma estupidez eu o creio facilmente, e também creio que se fique sem saber o que pensar. Sem dúvida, há nisso algo formoso, salvo que está a cinqüenta mil quilômetros de distância e não quer aproximar-se, e se todos os sinos de Salzburgo se pusessem a repicar, retirar-se-ia por precaução alguns milhares de quilômetros mais.

* * *

Quarta-feira

Conheces a fuga de Casanova das Celas de Chumbo? Sim, conheces-a. Descreve-se ali rapidamente a forma mais horrível de prisão, em um sótão, na obscuridade, na umidade, ao nível das lagoas; o sujeito acocora-se sobre uma tábua estreita, a água chega quase até a tábua, e mais, com a maré a cobre, mas o pior são as ratazanas da água, seus gritos durante a noite; seus puxões e mordiscos, seu roer (creio que o sujeito tem de lutar com elas pelo pouco pão que lhe dão) e especialmente sua impaciência, enquanto espera que o indivíduo já sem força caia da tábua. Assim, sabes? são as coisas que contas em tua carta. Espantosas e incompreensíveis e especialmente tão distantes e próximas como nosso próprio passado. E o sujeito acocora-se em sua tábua, o que não é muito conveniente às espáduas; os pés contraem-se convulsivamente, o sujeito está aterrado e não tem nada que fazer salvo contemplar as grandes ratazanas escuras, seu olhar deslumbrante em meio da noite; e afinal já não sabe se ainda está ali em cima ou se já caiu entre os chiados e os focinhozinhos que se abrem mostrando os dentes. Vamos, não contes semelhantes histórias, vamos, de que servem? Presenteio-te esses "animaizinhos", mas apenas com a condição de que os expulses de casa.

* * *

E já não se fala mais do médico? E isso que me prometeste claramente que irias vê-lo; não obstante, sempre cumpres o que prometes. Não vais porque já parou o sangue? Não me ponho como exemplo ao teu lado, és incomparavelmente mais sadia do que eu, eu sempre serei o senhor que se faz levar o baú (o que não obstante não significa uma diferença de categoria, já que primeiro vem o senhor que chama com um sinal ao carregador, depois vem o carregador, e somente depois o senhor que roga ao carregador que por favor lhe leve a valise, porque se não cairia desmaiado; há pouco — há pouco! — enquanto voltava da estação para a minha casa, o homem que me levava a valise começou, sem que eu na realidade lhe mencionasse nada a meu respeito, a consolar-me por iniciativa própria: eu certamente sabia fazer muitas coisas que ele não podia fazer, levar cargas era seu ofício e não lhe importava nada, etcetera; afinal de contas, nesse momento passavam-se pela mente certas dúvidas que tinham podido resolver-se com esta resposta — absolutamente insuficiente —, mas não mais havia expressado com clareza); sim, não quero comparar-me contigo nesse sentido, mas não posso deixar de recordar o que me aconteceu, e essa idéia me faz sofrer; terias que ir ver o médico. Há uns três anos, nunca estivera enfermo dos pulmões, nada me cansava, podia caminhar indefinidamente, nessa época não tinha chegado nunca (caminhando) ao limite de minhas forças (pensando, em troca, chegava a ele constantemente), e de súbito, para o mês de agosto — quer dizer que fazia calor, um tempo formoso, tudo ia perfeitamente, exceto a cabeça —, cuspi algo vermelho na pia da escola de natação. Estranho e interessante, não é verdade? Olhei-o um momento e depois o releguei imediatamente ao esquecimento. Mas começou a repetir-se com freqüência, e por fim, cada vez que queria cuspir, conseguia que a cuspida fosse mais ou menos vermelha, totalmente à vontade. Isso já não era interessante, antes era aborrecido, e tornei a esquecê-lo. Se tivesse ido nessa época ver um médico..., bem, tudo teria sido provavelmente tal como foi sem o médico, salvo que nessa época ninguém sabia nada desse sangue, na realidade nem sequer eu sabia, e ninguém se preocupava. Mas agora há alguém que se preocupa, de modo que, por favor, vai ver o médico.

* * *

É notável que teu marido diga que me escreverá isto e aquilo. E não pensa em bater-me e estrangular-me? Realmente não o compreendo. Acredito-te, por certo, incondicionalmente, mas me é tão impossível imaginá-lo, que não consigo sentir nada, como se se tratasse de uma história totalmente alheia e afastada. Como se estivesses aqui e me dissesses: "Neste instante estou em Viena e há gritos e etcetera." E ambos nos chegaríamos à janela, e olharíamos do lado de Viena, e por certo não haveria o menor motivo de agitação.

Mas, outra coisa: Não esqueces, às vezes, quando me falas do futuro, que sou judeu? ("claro, sem complicações"). Continua sendo perigoso, esse judaísmo, mesmo a teus pés.

* * *

Quarta-feira

Prefiro passar por alto o que escreves sobre minha viagem ("esperas que seja necessário para ti"); antes de tudo, é história antiga, em segundo lugar me fere, embora no fundo é um pouco justificado, se não, por que haveriam sido tão desesperadas as cartas do sábado à noite e do domingo pela manhã? E em terceiro lugar talvez nos vejamos no sábado. (Ao que parece não recebeste na segunda-feira pela manhã o primeiro dos três telegramas, espero que recebas o terceiro a tempo.)

O desespero diante da carta de teu pai mal o entendo quando considero que toda nova confirmação dessa relação tão torturante, que se prolongou já tanto, renova teu desespero. Porque em realidade não podes deduzir nada novo dessa carta. Nem sequer eu, embora até agora não tenha lido nenhuma carta de teu pai, consigo deduzir nada novo dela. É carinhosa e tirânica, e acredita necessário ser tirânica para satisfazer esse carinho. A assinatura não tem em realidade maior importância, é uma mera representação do tirano; antes diz, contudo, "pesar" e "terrivelmente triste", isso compensa tudo.

Por outro parte, talvez te assuste a disparidade entre tua carta e a sua; bem, não conheço tua carta, mas pensa um pouco na disparidade entre sua "natural" boa-vontade e tua "incompreensível" obrigação.

E duvidas como responder-lhe? Ou antes, duvidaste, porque dizes que agora sabes bem como deves responder-lhe. É esquisito. Se já tivesses respondido e me perguntasses "o que lhe respondi?", dir-te-ia sem hesitar o que em meu entender lhe respondeste.

Naturalmente, não cabe a menor dúvida de que para teu pai não existe a menor diferença entre teu marido e eu, para o europeu temos ambos a mesma cara de negro; mas passando por alto o fato de que no momento não podes dizer-lhe nada definido sobre esse assunto, por que precisas mencioná-lo em tua carta? E por que é necessário mentir?

Creio que somente podes responder-lhe o que lhe responderia uma pessoa — uma pessoa que contempla tua vida, intensamente e com o coração na mão, sem ver quase outra coisa — se o ouvisse falar desse modo de ti: "Todas as "sugestões", todas as "condições bem definidas" são absurdas, Milena vive sua vida e não viverá nenhuma outra. A vida de Milena é na verdade triste, mas não obstante é tão "sadia e tranqüila" como a vida em um sanatório. Milena apenas lhe pede que você aceite de uma vez este fato, não quer nenhuma outra coisa de você, muito menos deseja um "arranjo". A única coisa que lhe pede é que não se afaste você irritado com ela, e que em troca siga os ditames de seu coração e fale com ela como fala um ser humano com outro ser humano, de igual para igual. Se você fizer isto, terá contribuído para suprimir uma boa parte da "tristeza" da vida de Milena e já não terá que sentir "pesar" por ela".

* * *

Que queres dizer ao assinalar-me que a resposta a teu pai coincide com teu aniversário? Começo realmente a ter medo do aniversário. Vejamo-nos ou não no sábado, telegrafa-me por favor no dia dez de agosto à tarde.

* * *

Se conseguisses estar em Gmünd no sábado ou pelo menos no domingo!

Realmente é muito necessário.

Nesse caso, esta seria a última carta que receberias antes do encontro. E estes olhos, ociosos desde há um mês (apenas existem para ler cartas, olhar pela janela), te verão.

* * *

O artigo fica muito melhor do que em alemão, embora de todos os modos subsistam buracos ainda nele, ou antes atravessa-se como se fosse um pântano, é tão difícil levantar os pés para dar um passo. Recentemente um leitor da **Tribuna** me disse que certamente eu teria feito longos estudos no manicômio. "Somente no meu", lhe respondi; então tratou de felicitar-me pelo meu "próprio manicômio." (Existem dois ou três mínimos erros na tradução.)

* * *

Quarta-feira, à noite

Há um instante, por volta das dez da noite, fui ao escritório; teu telegrama havia chegado, tão rapidamente que quase duvidei que fosse a resposta ao meu telegrama de ontem, mas diz claramente: enviado a 4/VIII, às 11 da manhã. Chegou às sete, de modo que somente demorou oito horas. Esse é um dos consolos que o telegrama se dá a si mesmo, que estejamos geograficamente bastante próximos: em menos de vinte e quatro horas posso receber tua resposta. E essa resposta não tem razão de ser sempre "Não venhas".

Fica ainda uma pequena possibilidade: talvez não tenhas recebido ainda a carta em que te explico que não é necessário que passes a noite fora de Viena e que igualmente podes vir a Gmünd. Mas isso o terás descoberto por tua conta. Mesmo assim, penso constantemente se não me conviria, por consideração e esta diminuta possibilidade, assegurar-me a visa de trinta dias (tuas férias) e o bilhete do trem expresso.

Mas é provável que não o faça, o telegrama é tão claro, essa viagem parece apresentar-lhe dificuldades insanáveis. Bem, Milena, não importa nada, eu por minha conta não me teria atrevido a formular explicitamente o desejo (é claro que apenas porque não me imaginava que facilmente podia arranjar-se um encontro) de tornar a ver-te quando "mal" se tinham passado quatro semanas; se nos tivéssemos visto, teria sido exclusivamente graças a ti, e portanto também por isso tens o direito (afora o fato de que se não viesses é porque te é impossível, eu o sei bem) de cancelar essa possibilidade que tu mesma criaste; não é preciso que fale disso, o lamentável é somente que depois de ter cavado com tanta alegria este estreito túnel que conduz desde o escuro buraco, até ti, e quando gradualmente se atirou tudo o que se é nesse túnel que talvez (a necessidade diz imediatamente: sem dúvida! sem dúvida! sem dúvida!) conduz para ti, mas que de repente, em lugar de dar contigo, dá com a impenetrável rocha do "Por favor, não venhas", bem, se tenha que regressar titubeante e lentamente, com tudo o que se é, por esse corredor cavado com tanta pressa, e além do mais é preciso reenchê-lo. Tudo isto na verdade faz sofrer um pouco, mas tão mau não pode ser se se está em condições de descrevê-lo com tanto pormenor. Ao final, volta-se a cavar outro túnel, alguém, velho toupeira.

O triste é que esse encontro teria sido muito importante para nós, por motivos que creio ter-te mencionado ontem. Nesse sentido nada poderá substituí-lo, e especialmente por isso me dá tanta pena o telegrama. Mas talvez tua carta de depois de amanhã me traga algum consolo nesse sentido.

(À margem esquerda) De nenhum modo me oponho a que partas de férias. Como crês tal coisa, por que acreditas nela?

* * *

Apenas uma coisa te peço: Em tua carta de hoje existem duas frases muito duras. A primeira ("e não vens porque preferes esperar até sentires tu a necessidade de vir") tem em verdade certa justificação, mas de nenhum modo demasiada; a segunda ("passe muito bem, Frank", e depois continua, para que possas ouvir o som da frase: "portanto não tem nenhum sentido que te mande o telegrama falso, em conseqüência não tomando"; por que mo mandaste, então?); esse "passe muito bem, Frank" não tem nenhuma justificação. Essas são as frases. Não poderias, Milena, retirá-las de algum modo, retirá-las explicitamente, a primeira em parte, se queres, mas a segunda em sua totalidade?

* * *

Esta manhã esqueci-me de acrescentar a carta de teu pai, perdoa-me. Por outra parte não notei que era a primeira carta que te escreve depois de três anos de silêncio, apenas agora compreendo a impressão que te fez. Tendo isso em conta, por certo, também a tua carta de resposta era muito mais importante, **afinal de contas deve ter havido nela algo fundamentalmente novo.**

* * *

Sim, há também uma terceira frase em tua carta que talvez esteja dirigida contra mim, ainda mais do que as já mencionadas. A frase sobre os doces que envenenam.

* * *

Quinta-feira

Assim é que hoje é, e além disso inesperadamente, esse dia temido desde há tanto tempo, o dia sem carta. Quer dizer, então, que tua carta de segunda-feira era tão séria que no dia seguinte não pudeste escrever-me. Bem, fica-me teu telegrama como amparo.

* * *

Sexta-feira

Queria brilhar diante de ti, demonstrar minha força de vontade, demorar esta carta, terminar antes um documento; mas a sala está vazia, ninguém faz caso de mim, é como se dissessem: deixem-no, não vêem como o absorve a sua tarefa, parece que tem um punho na boca. De modo que apenas escrevi meia página e aqui estou novamente contigo, deitado sobre esta carta, como aquela vez no bosque estive deitado ao teu lado.

Hoje não chegou nenhuma carta, mas não tenho medo, não me sinto inquieto; por favor, Milena, procura compreender-me, nunca sinto inquietude no que diz respeito a ti, se alguma vez parecesse que si, como sem dúvida acontece com freqüência, apenas se trata de uma debilidade, de um capricho do coração, que não obstante sabe perfeitamente por que bate; também os gigantes têm fraquezas; até Hercules, segundo creio, teve uma vez um desmaio. Mas diante de teus olhos, que me aparecem mesmo à luz do dia, posso apertar os dentes e suportar tudo: a distância, a angústia, a preocupação, a carência de cartas.

* * *

Quão feliz sou, quão feliz me fazes! Veio ver-me um postulante, imagina só, também eu tenho postulantes, interrompeu-me quando estava escrevendo, o que me irritou; mas tinha uma cara boa, cordial, redonda, ao mesmo tempo corretamente alemã, e era tão amável que aceitava as brincadeiras como parte essencial das atividades burocráticas; de qualquer modo, me perturbou, não podia perdoar-lho; depois, para piorar, tive de me levantar, ir com ele a diversos departamentos; mas isto já era demais para ti, que és tão boa, exatamente quando me levantava entrou um ordenança e me trouxe tua carta, abri-a na escada; santo céu, dentro há um retrato, quer dizer, algo absolutamente inesgotável, uma carta para um ano, uma carta para a eternidade, e é tão bom que não poderia ser melhor, um triste retrato, e precisaria contemplá-lo somente através das lágrimas e com palpitações do coração, nunca de outro modo.

* * *

E novamente um desconhecido senta-se diante de minha escrivaninha.

* * *

Para prosseguir com o anterior: contigo no coração posso suportar qualquer coisa, e se alguma vez te escrever que os dias sem cartas tuas eram desesperantes, em realidade não é exato, apenas eram desesperadamente pesados, o barco era pesado, o mar de fundo desesperante, mas continuava navegando sobre tua corrente. Apenas uma coisa não posso suportar, Milena, sem tua ajuda especial: o "temor", sou demais débil para isso, não posso nem sequer contemplar de fora esse monstro, me cobre e me arrasta.

O que dizes de Jarmila é simplesmente uma dessas fraquezas do coração, durante um instante teu coração cessa de ser-me fiel, e então concebes esses pensamentos. Nesse sentido, somos ainda duas pessoas? E porventura meu "temor" é muito diferente de temor de insultar-se a si mesmo?

* * *

Outra vez uma interrupção, já não poderei escrever mais no escritório.

* * *

A longa carta anunciada quase poderia inspirar temor, se esta não fosse tão tranqüilizadora. Que haverá nela?

Escreva-me logo se chegou o dinheiro. Se se perdesse, te mandaria mais, e se voltasse a perder-se, tornaria a mandar-te mais, e assim sucessivamente até que não me ficasse nada mais, e apenas então as coisas seriam como devem ser.

F.

Não recebi a flor, no último momento terá parecido a ti que era uma pena mandar-ma.

* * *

Sexta-feira

Quer dizer que te sentes mal, pior do que nunca desde que te conheci. E esta distância insuperável se junta a teus sofrimentos para que eu me sinta como se estivesse em tua sala, e não pudesses quase reconhecer-me, e passeasse desesperado entre a cama e a janela, indo e vindo, e não tivesse confiança em ninguém, em nenhum médico, em nenhum tratamento, e não soubesse nada, e contemplasse este céu triste que, de algum modo, depois de todas as brincadeiras de outras épocas se me aparece pela primeira vez em toda sua verdadeira desesperança, desesperado como eu. Estás de cama? Quem te traz a comida? Que comes? E essas dores de cabeça. Quando possas, procura contar-me como são. Em uma época tive um amigo, um ator judeu polaco, que cada três meses sofria terríveis dores de cabeça que lhe duravam todo o dia, fora disso era perfeitamente são, mas quando chegavam esses dias tinha que apoiar-se nas paredes das casas quando ia pela rua, e não se podia fazer nada por ele, salvo ir e vir durante meia hora, e aguardar por ele.

Os sadios abandonam os enfermos, mas também os enfermos abandonam os sadios. Tuas dores repetem-se periòdicamente? E o médico? E desde quando as tem? E provavelmente tomas comprimidos, não é verdade? Mau, mau, e nem sequer posso chamar-te criancinha.

É uma pena que se tenha tornado a postergar tua partida, agora vais na quinta-feira da semana próxima. Bem, não terei a felicidade de ver-te reviver entre o lago, o bosque e as montanhas. Mas, quanta felicidade pretendo, além daquela que tenho, cobiçoso, cobiçoso? É uma pena que tenhas que continuar atormentando-te todo esse tempo em Viena.

Outra vez falaremos de Davos. Não quero ir porque é muito distante, muito caro e muito desnecessário. Se saio de Praga, e provavelmente terei que fazê-lo, o melhor será que eu vá a alguma aldeia. Por outra parte, quem me aceitaria? Ainda não pensei bastante neste assunto, mas antes de outubro não irei.

Ontem à noite encontrei-me com um tal de Stein, talvez o tenhas conhecido no café, sempre o comparam com o rei Alfonso. Atualmente é um assistente de um advogado; estava muito contente em ver-me, tinha de falar comigo, por motivos profissionais, ia chamar-me hoje pelo telefone. "Bem, de que se trata?" "De um processo de divórcio, com o qual você está um pouco relacionado", quer dizer me pede que intervenha. "Como?" Realmente tive que levar a mão ao coração. Mas depois aconteceu que se tratava apenas do divórcio dos pais do poeta; a mãe, a quem não conheço em absoluto, tinha-lhe rogado a ele, ao doutor Stein, que eu influísse um pouco sôbre o poeta, se podia, para que este a tratasse um pouco melhor e não falasse tão mal dela.

De passagem, um matrimônio notável. Imagina. A mulher já se tinha casado uma vez; durante o casamento anterior teve um filho de seu marido atual, quer dizer, o poeta em questão. Este leva, portanto, o nome do primeiro marido, não o de seu pai. Depois se casaram, e agora, depois de muitos anos, vão se divorciar novamente, por instigação do marido, o pai do poeta. A separação já foi decidida. Mas como a mulher, por causa da escassez atual de habitações, não pode encontrar casa, apenas por esse motivo continuam vivendo juntos, como marido e mulher, e apesar dessa vida matrimonial (devido à escassez de residências) o marido não quer reconciliar-se com ela, nem sequer suspender o processo. Não te parece que os pobres seres humanos somos comicos até o ridículo? Ao marido conheço-o, uma pessoa excelente, razoável, muito capaz, sociável.

Manda-me com certeza a lista do que desejas, quanto mais longa seja, tanto melhor; em cada livro, cada coisa que me peças me introduzirei subrepticiamente para ir com ela a Viena (contra isso o diretor não diz nada), dá-me todas as oportunidades possíveis de viagem. E também poderias emprestar-me os artigos já aparecidos em **Tribuna.**

De passagem, quase me alegro pelas tuas próximas férias, salvo no que diz respeito às dificuldades de correio. Contar-me-ás brevemente, não é verdade, que tal é o lugar, tua vida, tua casa, teus passeios, a vista da janela, a comida para que possa conviver um pouco contigo.

* * *

Sábado

No momento estou perturbado e triste perdi teu telegrama, quer dizer, não posso tê-lo perdido, mas já o fato de que deva procurá-lo é suficientemente irritante. Na realidade é culpa tua; se não tivesse sido tão formoso não o teria tido durante todo o tempo nas mãos.

Apenas o que me dizes do médico me consola. Quer dizer que esse sangue não significava nada, recorda que já expressei a mesma suspeita, eu que sou um velho curandeiro. Pois bem, que dizes desse ponto no pulmão? Com certeza não terá te receitado passar fome e carregar valises. E no que diz respeito a continuar sendo boa para comigo, está de acordo? Ou talvez não se falou de mim em absoluto? Mas, como acreditas que posso conformar-me depois de comprovar que o médico não encontrou nenhum rasto de mim? Não será talvez minha ausencia a falha que encontrou em teus pulmões?

E realmente não é nada mau? E a única coisa que te disse é que passes quatro semanas no campo? No fundo, não é grande coisa.

Não, não tenho mais objeções contra a viagem que contra a permanência em Viena. Vai-te, por favor, vai-te. Em alguma parte me falaste da ansiedade com que esperas essa viagem; parece-me motivo suficiente para desejá-la eu também.

Uma vez mais, a viagem a Viena. O pior é quando o mencionas seriamente, porque então o solo começa aqui realmente a tremer, e eu a esperar que me despeça. Mas não o faz. Dos inconvenientes externos — dos internos não quero falar, porque, ainda que não sejam mais graves, não creio que pudessem conter-me, não porque eu seja tão forte, porém porque sou tão débil que não posso deixar-me conter por eles — já te falei em outra carta, essa viagem apenas me seria possível mediante uma mentira, e as mentiras me assustam, não como a um homem cheio de pudores, porém como a um colegial. E além disso tenho a sensação, ou pelo menos pressinto a possibilidade, de que alguma vez terei que ir a Viena, incondicionalmente, inevitavelmente por tua causa ou minha; mas mentir pela segunda vez não poderia, nem sequer como um colegial atrevido. Deste modo a possibilidade da mentira é para mim uma reserva, dela vivo, assim como vivo de tua promessa de que virias imediatamente. Por isso não irei agora; em troca da certeza desses dois dias — por favor, não os descrevas, Milena, quase me torturas ao fazê-lo, não é ainda uma necessidade imprescindível, mas sim um anelo ilimitado — disponho de sua perpétua possibilidade.

E as flores? Secaram-se já, naturalmente? Alguma vez te passou pela lembrança que as flores te "caíssem tão mal" como estas a mim? É algo muito desagradável, certamente.

Não penso intervir na batalha entre tu e Max. Permaneço de lado, dou razão a cada um e sinto-me seguro. Tens indubitavelmente razão no que dizes, mas agora mudemos de lugar. Tens tua pátria e podes renunciar a ela, e talvez seja o melhor que se possa fazer com a pátria, especialmente porque ao que existe nela de irrenunciável não se renuncia realmente nunca. Mas ele em troca não tem pátria, e portanto não pode renunciar a nada, e tem que pensar constantemente, quer esteja apanhando o chapéu no cabide ou tomando sol na piscina ou escrevendo o livro que hás de traduzir (nisto talvez é onde se mostra menos tenso; mas tu, minha pobre, minha querida, com que trabalhos te complicas a vida porque te sentes culpada, te vejo inclinada sobre a tradução, tens o pescoço descoberto, eu estou atrás de ti, sem que o saibas; por favor não te assustes se sentes meus lábios em tua nuca, não foi minha intenção beijar-te, não é mais do que amor desesperado; assim, Max, dizia, por isso tem que pensar constantemente nesse assunto, mesmo quando te escreve.

E é notável como te deixas derrotar por êle nas minúcias, embora em conjunto te defendes muito bem. Evidentemente te escreveu sôbre o fato de que eu viva com meus pais e também sôbre Davos. As duas coisas equivocadas. Por certo viver com os pais é muito mau, mas não é o fato sòmente de viver na casa, é o conviver, o sucumbir nesse círculo de bondade, de amor, sim, não conheces a carta a meu pai, o zumbido da mosca no ramo engomado, embora também isso tem seu lado bom, mas uma luta na Maratona e o outro no refeitório, o deus da Guerra e a deusa da Vitória estão em todas as partes. Não obstante, de que serviria mudar-se, especialmente se se continua comendo em sua casa, já que no momento seria o mais conveniente. Outra vez te falarei de Davos. A única coisa que aprovo de Davos é o beijo de despedida.

* * *

Sábado

Sou na realidade amável e paciente? Em verdade não o sei, apenas que um telegrama como esse faz bem, por assim dizer, a todo o corpo, isso sim eu o sei, e contudo apenas é um telegrama, não uma mão estendida.

Mas também parece cansado, triste, parece dito de um leito enfermo. É realmente triste, e além disso não chegou nenhuma carta, outra vez um dia inteiro sem cartas, poderias estar muito mal. Quem me garantirá que mandaste tu mesma o telegrama, que não passaste o dia inteiro na cama, lá em cima em teu quarto, onde vivo mais do que no meu?

Ontem à noite assassinei por ti: um sonho absurdo, uma noite péssima, péssima. Não recordo quase de nenhum pormenor.

* * *

Acaba de chegar a carta, não obstante. É sem dúvida bem clara. É verdade que as outras não eram menos claras, mas não se podia atrever a penetrá-las em toda sua clareza. Por outra parte, como poderias mentir, tua fronte não é das que podem mentir.

Não culpo a Max. Por certo, diga o que diga em sua carta, é injusto; nada, ninguém, nem a pessoa melhor tem que se interpor entre nós. Por isso mesmo cometi um assassinato ontem à noite. Alguém, um parente, disse no curso de uma conversação que não recordo, porém que mais ou menos implicava que esta ou aquela pessoa não podia terminar certa coisa; o parente dizia finalmente, com ironia: "Bem, então talvez Milena." Portanto, eu o matava de algum modo, depois voltava a minha casa agitado, minha mãe corria todo o tempo atrás de mim, também aqui se desenrolava uma palestra similar: por fim eu gritava, furioso: "Se alguém fala mal de Milena, embora seja meu pai, o matarei, ou me matarei." Depois acordei; mas não havia sido o que se chama dormir, nem o que se chama despertar.

Novamente retorno às cartas de antes, do fundo eram semelhantes à carta à jovem. E as cartas da noite somente eram lamentações sobre as cartas da manhã. Uma noite escreveste que tudo era possível, menos que eu te perdesse; em realidade apenas fazia falta uma pequena pressão para que acontecesse o impossível. E talvez essa pressão se produziu, e talvez aconteceu o impossível.

De todos os modos: esta carta é um alívio; com efeito, enterrava-se vivo o sujeito sob as outras e não obstante acreditava que devia permanecer imóvel, porque talvez estivesse realmente morto.

* * *

Portanto, na realidade nada disto me surpreendeu; esperava-o, preparara-me tão bem para suportá-lo quando acontecesse; agora que aconteceu, a gente vê naturalmente que não está bastante preparado; mas de todos os modos pode resistir sem sofrer queda. Em troca, o que me dizes de tua situação em outro sentido, e de tua saúde, é absoluta e totalmente terrível e muito mais forte que eu. Bem, falaremos disso quando voltes de tua viagem, talvez aconteça realmente ali o milagre que esperas, pelo menos o milagre físico; nesse sentido tenho tanta confiança em ti que não pretendo nenhum milagre, te confio tranqüilamente, criança maravilhosa, violada e inviolável, ao bosque, ao largo e à comida; pelo menos, se não existisse todo o resto.

Quando penso em tua carta — até agora somente a li uma vez — no que me dizes sobre teu presente e teu futuro, o que me dizes de teu pai, de mim, deduzo somente o que já te havia dito uma vez, com perfeita clareza: que no fundo tua única infelicidade sou eu, nenhum outro, apenas eu — aqui específico: tua infelicidade exterior — porque se eu não existisse, talvez te tivesses ido de Viena há três meses, e em todo caso te irias sem dúvida agora. Já sei que não queres ir-te de Viena, que tampouco quererias ir-te se eu não existisse, mas justamente por isso poderia dizer-se — visto a vôo de pássaro, de bem distante — que, por certo entre mil outras coisas, meu significado emocional para ti consiste em que te possibilito permanecer em Viena.

Mas também não é preciso ir tão longe e enredar-se em sutilezas complicadas, basta considerar o fato evidente de que já uma vez abandonaste a teu marido, que sob a pressão muito maior da situação atual poderias, portanto, abandoná-lo ainda mais facilmente, mas que somente poderias fazê-lo pelo fato de abandoná-lo em si, e não por outra pessoa.

Mas todas estas considerações apenas conduzem à fraqueza e a nenhuma outra coisa.

* * *

Por certo que procurarei encantado conseguir essas coisas. Unicamente parece-me que seria melhor comprar o tricô em Viena, porque para um tricô talvez seja necessário uma permissão de exportação (há pouco num escritório de correios não quiseram aceitar-me nem mesmo alguns livros porque não tinha permissão de exportação, mas em troca no escritório próximo aceitaram-nos sem o menor inconveniente); bem, talvez me assessore na tenda. Incluirei sempre um pouco de dinheiro nas cartas. Quando me disseres "basta", cessarei imediatamente.

Obrigado pela permissão para ler **Tribuna.** Há pouco, no domingo, vi uma jovem que a comprava na Wenzelsplatz, sem dúvida comprava-a unicamente pelo artigo sobre modas. Não estava extraordinariamente bem vestida, **ainda.** É uma pena que não haja tomado nota dela para seguir seu desenvolvimento. Não, fazes mal em menosprezar teus artigos sobre modas. Estou-te realmente muito agradecido porque agora me permites lê-los sem ocultamento (vergonhosamente, devo dizer que com freqüência lia-os em segredo).

* * *

Sábado

Eu já sabia o que havia na carta, via-se no fundo de todas as tuas cartas, via-se em teus olhos — o que não se distinguiria em sua clara profundeza? —, via-se nas linhas de tua fronte, sabia-o como alguém que passou o dia inteiro imerso em uma espécie de sonho e sonho e temor, atrás das persianas fechadas, e que ao anoitecer abre a janela e naturalmente não se assusta, sabia que encontraria a obscuridade, uma obscuridade maravilhosa e profunda. E vejo como te atormentas e te debates e não podes libertar-te e — deitemos fogo ao barril de pólvora — não te libertarás nunca, e vejo-o e não posso dizer: Fica-te onde estás. Mas tampouco digo o oposto, estou diante de ti e olho teus pobres queridos olhos (é comovedora, afinal das contas, a fotografia que me mandaste, é um sofrimento contemplá-la, um sofrimento ao qual a pessoa se expõe, cem vèzes por dia, e não obstante, ai de mim, uma posse que seria capaz de defender frente a dez homens poderosos) e me sinto realmente mais forte, como tu dizes; uma fôrça especial possuo, se se quer defini-la breve e confusamente, a de ser amusical. Mas não é tão grande que me permita continuar escrevendo, pelo menos por enquanto. Algo como uma onda de dor e amor me envolve e me arrasta, impedindo-me de escrever.

F.

* * *

Sábado à noite

Uma coisa me perturba desde muito tempo em teus raciocínios, em tua última carta surge com especial clareza, é um erro indubitável que podes tu mesma verificar: Quando dizes que queres tanto a teu marido (o que por outro lado também é certo), que não podes abandoná-lo (nem mesmo por mim, quero dizer; seria para mim realmente terrível que o fizesses apesar disso), te creio e te justifico. Quando dizes que em realidade poderias abandoná-lo, mas que ele precisa ìntimamente de ti e que sem ti não poderia viver, e que por isso não podes abandoná-lo, também te creio e também te justifico. Mas quando dizes que ele não seria capaz de fazer frente à vida exterior sem ti e que por isso (e fazes disso uma razão fundamental) não podes abandoná-lo, então, ou dizes isso para encobrir os motivos já nomeados (não para apoiá-los, já que esses motivos não requerem nenhum apoio), ou se **não,** é simplesmente uma dessas brincadeiras do cérebro (que me mencionaste em tua última carta), ante as quais o corpo, e não sòmente o corpo, se retorce.

* * *

Segunda-feira

Estava a ponto de escrever-te algo mais, no estilo do anterior, quando chegaram quatro cartas, nem todas juntas, te direi, primeiro essa em que te lamentas de ter-me falado de teu desfalecimento, um pouco mais tarde a que escreveste imediatamente depois do desfalecimento; junto com ela, bem, a que é tão formosa, e depois de outro instante a carta que fala de Emilie. Não posso saber exatamente em que ordem foram escritas, já que não pões a data.

Procurarei então responder à pergunta sobre o "medo-desejo", é pouco provável que possa fazê-lo satisfatoriamente na primeira tentativa, mas tornarei a insistir nas cartas seguintes e talvez o consiga. Seria uma grande ajuda, por outro lado, que pudesses ler minha carta a meu pai (de passagem má e desnecessária). Talvez eu te leve a Gmünd.

Quando se põe limites ao "medo" ou ao "desejo", como o fazes em tua última carta, a pergunta deixa de ser fácil; mas sim simples respondê-la. **Nesse caso apenas sinto "medo".** E é assim:

Recordo a primeira noite. Vivíamos então na Zeltnergasse, em frente havia uma tenda de confecções, à porta costumava aparecer uma vendedora, eu tinha mais ou menos vinte anos e passeava incessantemente em meu quarto, acima, ia e vinha, estudando nervosamente tòdas estas coisas, para mim sem sentido, que exigia o programa do primeiro ano. Era no verão, fazia muito calor, um tempo realmente insuportável, me detinha a cada instante junto à janela, com o repugnante direito romano entre os dentes, por fim começamos a entender-nos por sinais. Eu tinha de ir buscá-la ao anoitecer, às oito; mas quando desci já havia outro, isso não mudava muito as coisas; eu tinha medo do mundo inteiro, também desse homem; se não tivesse estado ali, **também** teria tido medo dele.

Embora a jovem lhe desse o braço, fez-me sinal de que os seguisse. Chegamos assim à Schützeninsel, onde bebemos cerveja, eu em uma mesa próxima; depois fomo-nos, eu seguindo-os, lentamente, até a casa da jovem, mais ou menos pelo Fleischmarkt; ali o homem se despediu, a jovem entrou correndo à minha procura, e fomos para um hotel da Kleinseite. Tudo isto, mesmo antes de chegar ao hotel, era excitante, encantador e horrível, no hotel também. E pela manhã (continuava fazendo calor), enquanto voltávamos para casa, passando pelo Karlsbrücke, me sentia, não obstante, feliz; mas essa felicidade apenas consistia em que por fim se tivesse acalmado meu corpo sempre atormentado, e mais, a felicidade consistia fundamentalmente em que tudo isso não teria resultado ainda **mais** repugnante, ainda **mais** imundo. Tornei a encontrar-me com a jovem uma vez mais, creio que duas noites depois, tudo saiu tão bem como da primeira vez, mas como saí logo depois em férias, em cujo transcurso me interessei um pouco por outra moça, quando voltei a Praga já não queria ver mais a vendedora, nunca mais voltei a dirigir-lhe a palavra, tinha-se convertido (para mim) em minha pior inimiga; contudo era uma jovem amável e de bom caráter; constantemente me seguia com o olhar, sem compreender. Não direi que o único motivo de minha inimizade (com certeza não foi este) tenha sido o fato de que no hotel, com toda inocência, a jovem tivesse realizado uma pequeníssima coisa repugnante (que não vale a pena mencionar), tivesse dito uma mínima obscenidade (que não vale a pena mencionar), mas a recordação me ficou, no mesmo instante soube que não o esqueceria nunca e ao mesmo tempo sabia ou acreditava saber que essa coisa repugnante e essa obscenidade, embora exteriormente desnecessárias, no fundo formavam uma parte muito necessária do todo, e que justamente essa repugnância e essa obscenidade (cujo diminuto sintoma havia sido o pequeno gesto, a pequena palavra) era o que me havia levado com tanto demente poder a esse hotel, que de outro modo eu teria evitado com minhas derradeiras forças.

E como foi dessa vez, continuou sendo-o sempre. Meu corpo, às vezes silencioso durante anos, se sentia de repente agitado até não poder dormir de noite, por esse desejo de uma pequena, de uma bem definida abominação, de algo levemente repugnante, penoso, imundo; mesmo no que para mim era o melhor que o mundo podia dar-me, havia sempre algo disso, certo leve mau odor, algo sulfuroso, algo infernal.

Esse impulso tinha algo do eterno judeu, insensatamente arrastado, insensatamente vagando por um mundo insensatamente imundo.

Mas também havia épocas em que o corpo não permanecia quieto, em que por outro lado nada estava quieto, e nas quais, contudo, não sentia nenhum impulso; era uma vida agradável, tranqüila, apenas perturbada pela esperança (conheces melhor perturbação?). Nessas épocas, durassem quanto durassem, eu sempre estava só. Pela primeira vez aparecem agora em minha vida épocas **semelhantes**, nas quais **não estou só**. Por isso não somente tua proximidade física é para mim tão tranqüilizadora — intranqüilizadora, porém que tu mesma o és. Por isso não tenho nenhum desejo de obscenidades (durante a primeira metade de minha permanência em Merano, dia e noite, contra minha própria e clara vontade, fazia projetos para seduzir à mucama — algo pior — para o fim de minha permanência encontrei-me com uma jovem muito disposta a entregar-se-me, mas por assim dizer tive de traduzir primeiro suas palavras para o meu idioma para chegar a entendê-la), singelamente não vejo nenhuma imundície, nada do que excita exteriormente existe para mim, apenas o que suscita a vida interior, enfim, há algo do ar que se respirava no Paraíso antes da Queda. Apenas um pouco desse ar, por isso não há nada de "desejo", nem todo esse ar, por isso existe "medo". Assim já ficas sabendo. E por isso, ainda que tivesse "medo" de uma noite em Gmünd, apenas era o "medo" comum — ai, com o comum é suficiente — que sinto em Praga, não era um medo especial de Gmünd.

E agora fala-me de Emilie, ainda posso receber a carta em Praga.

* * *

Hoje não remeterei nada anexo, amanhã sim. Esta carta é, afinal das contas, **importante**, quero que a recebas sem perigo de que se perca.

* * *

O desfalecimento não é mais do que um dos sintomas. Por favor, não deixes de vir a Gmünd. Se no domingo pela manhã chover, não poderás vir? Bem, de todos os modos no domingo pela manhã estarei frente à estação de Gmünd. Então não requeres passaporte? Já o averiguaste bem? Precisas que te leve alguma coisa?

(À margem esquerda.) Chegarás pouco depois das nove; já que és austríaca não permitas que te detenham na aduana, não posso repetir-me durante horas a frase com que te saudarei.

* * *

Essa referência a Stasa significa que eu teria de ir vê-la? Mas não está quase nunca em Praga. (Quando está é, por certo, mais difícil ir visitá-la.) Esperarei que voltes a mencioná-la, ou em todo caso até Gmünd.

* * *

Não compreendeste a observação sôbre L. (que memória!, já não é ironia, porém ciúmes, nem sequer ciúmes, porém uma brincadeira tola). Simplesmente me chamou a atenção que todas as pessoas de que me falava fossem "papanatas" ou "sem-vergonhas" ou "histéricas", e que em troca tu fosses singelamente Milena e, além disso, uma Milena muito respeitável. Isso me agradou e por isso mencionei-o; não porque fosse uma reivindicação de tua honra, porém porque era a reivindicação de tua honra, porém porque era a reivindicação do seu. Por outra parte, para ser exato, também houve algumas exceções, seu futuro — nessa época — sogro, sua cunhada, seu cunhado, o ex-noivo de sua noiva, todas elas eram pessoas realmente "magníficas".

Tua carta de hoje é tão triste, e especialmente sua tristeza está tão encerrada sob chave nela, que me sinto totalmente excluído. Quando às vezes tenho que sair de meu quarto subo e desço correndo a escada para tornar a entrar e encontrar sobre a mesa o telegrama: "Também eu estarei no sábado em Gmünd." Mas ainda não chegou.

* * *

Domingo

O telegrama. Sim, provavelmente é melhor que nos vejamos. Quanto demoraríamos se não em pôr tudo em ordem? De onde surgiu tudo isto que se interpôs entre nós? Já não se vê a um passo de distância. E como terás sofrido, em meio de todas as tuas preocupações outras. E eu poderia ter-lhe posto fim há muito tempo; em verdade, o olhar era suficientemente claro, mas a covardia era mais forte. E porventura não menti eu também ao responder as cartas, embora visse claramente que não me pertenciam, como se me pertencessem? Espero que não tenha sido uma destas respostas "mentirosas" (nesse sentido) o que te obrigou à viagem a Gmünd (1).

Não estou de modo algum tão triste como se poderia crer por esta carta, o que acontece é que nestes momentos não se pode dizer outra coisa. Tudo se tornou tão silencioso, que não se atreve alguém a dizer uma palavra nesse silêncio. Bem, domingo nos veremos, estaremos juntos umas cinco, umas seis horas, é muito pouco para falar, mas é suficiente para silenciar, para dar-se a mão, para olhar-se nos olhos.

* * *

Segunda-feira

De acordo com o horário é muito melhor do que eu supunha, espero que o horário não esteja equivocado; é assim:

Primeira possibilidade, a pior em todo sentido:

Saio daqui no sábado às quatro e doze, chego às onze e dez da noite a Viena, temos sete horas para estar juntos, e depois retorno no domingo pela manhã às sete. Uma condição prévia dessas sete horas, não obstante, é que eu tenha dormido um pouco na noite anterior (o que não é tarefa fácil); se não, terás que passá-las com um pobre animal enfermo.

Segunda possibilidade, que de acordo com o horário parece francamente magnífica:

Saio daqui às quatro e doze, e já às sete e vinte e oito da noite (já! já!) estou em Gmünd. Mesmo supondo que tenha de retornar no expresso do domingo pela manhã, seria sempre às dez e quarenta e seis, teríamos umas quinze horas, o que também nos permitiria dormir um pouco. Mas ainda pode ser melhor. Não é preciso que tome esse trem, porque

(1) Refere-se a um estranho incidente acontecido em Praga: diversas pessoas receberam cartas que, embora a letra fosse inconfundivelmente a de Milena, não tinham sido escritas por ela.

às quatro e trinta e oito passa um trem de passageiros para Praga, posso regressar com esse. Desse modo passaríamos juntos vinte e uma horas e poderíamos repeti-lo (imagina-o!) todas as semanas, pelo menos teoricamente.

Apenas existe um inconveniente em tudo isto, embora não me pareça muito sério; de todos modos tens de averiguá-lo bem. A estação de Gmünd, como compreenderás, é checa, a cidade é austríaca; acreditas que a estupidez dos passaportes chegará ao cúmulo de exigir que uma vienense tenha que mostrar o passaporte para cruzar a estação checa? Nesse caso, também os habitantes de Gmünd que viajam para Viena necessitariam um passaporte visado pelos checos; não posso acreditar nisso, seria francamente uma proibição inventada contra nós. Já é bastante desagradável que tenha de passar-me talvez uma hora na aduana de Gmünd antes de sair da estação, o que encurtaria nossas vinte e uma horas.

* * *

Depois destas coisas tão importantes não creio que reste muito para dizer. Muito obrigado em todo caso por não ter-me deixado também hoje sem carta. Mas, e amanhã? Não te chamarei pelo telefone, primeiro porque me agita demais, segundo porque é impossível (já o tinha averiguado uma vez), e terceiro porque logo nos veremos. Por infelicidade Ottla não teve tempo de ir hoje à polícia providenciar meu passe, irá amanhã. Sim, estiveste brilhante com os selos (por infelicidade não sei como perdi os selos expressos, o homem quase se pôs a chorar quando eu lho disse). Certamente, conseguiste que te seja bastante fácil dar-me os agradecimentos pelos selos, mais ainda assim me alegro, e tanto que penso mandar-te, imagina-o, selos da Legião.

Hoje não desejo narrar-te contos de fadas. Tenho a cabeça como uma estação de estrada de ferro, com trens que partem, trens que chegam, alfândegas, o inspetor-chefe de fronteira me espreita, esperando meu passaporte, mas desta vez está bem, aqui o têm: "Sim, está em ordem, por aqui se sai da estação." "Por favor, senhor inspetor chefe de fronteira, seria tão amável de abrir-me a porta?, não posso abri-la. Estarei tão débil porque ali fora me espera Milena?" "Oh, certamente", diz ele, "eu não sabia." E a porta se abre de par em par...

* * *

Terça-feira

Creio que não estou muito preparado para teu aniversário, dormi pior do que nunca, a cabeça me arde, tenho os olhos como queimados, as frontes laceradas e tosse, além do mais. Creio que não poderia pronunciar uma felicitação um pouco longa, sem tossir. Por sorte, não há necessidade de qualquer felicitação, apenas agradecer que estejas neste mundo, onde até agora (como vês, não tenho muita experiência do mundo, embora o reconheça, não como tu), onde até agora não havia previsto que pudesses estar. E agradeço-te (é um agradecimento?) com um beijo, exatamente como na estação, ainda que saiba que não te agradou (hoje me acho um tanto obstinado).

Nestes últimos dias não me senti todo o tempo tão mal, de vez em quando até me sentia bastante bem, mas meu grande dia de glória aconteceu há mais ou menos uma semana. Com toda a minha impotência eu passeava infinitamente ao redor da piscina da escola de natação, entardecia, já ficava muito pouca gente, mas de todos os modos eram inúmeras pessoas, aproxima-se um ajudante do professor de natação, que não me conhece, olha em torno, como procurando a alguém, percebe minha presença, me escolhe, evidentemente, e me pergunta: "Quer dar um passeio de barco?" Ao que parece um homem, creio que um importante construtor, tinha chegado da ilha Sofia e queria que o levassem à ilha dos Judeus: nesta ilha estão construindo uns grandes edifícios. Bem, não é preciso exagerar a aventura, o professor de natação viu este pobre jovem e quis oferecer-lhe a oportunidade de dar um passeio de graça em um barco, mas de qualquer modo, por consideração ao importante construtor, tinha que procurar um jovem que parecesse suficientemente digno de confiança; não somente no que se referia ao vigor físico, porém também um que depois de ter cumprido com sua tarefa não utilizasse o barco em passeios clandestinos; um que voltasse imediatamente. Todas essas condições acreditou encontrá-las em mim. O grande Trnka (o dono da escola de natação, do qual te falarei algum dia mais pormenorizadamente) aproximou-se e perguntou se o jovem sabia nadar. O mestre de natação, que provavelmente adivinhava tudo em mim com o olhar, o tranqüilizou. Por minha parte, eu mal havia pronunciado uma palavra. Chegou o passageiro, e partimos. Como um jovem bem educado, eu quase não falava. Disse que era um formoso crepúsculo, lhe respondi: Sim. Depois disse que, não obstante, começava a refrescar, lhe disse: Sim. Por fim, disse que eu remava muito depressa; já não lhe pude responder nada, por gratidão. Naturalmente remei no melhor dos estilos até a ilha dos judeus; desceu do barco, agradeceu-me, mas para grande decepção minha esqueceu-se de dar-me a gorjeta (sim, quando não se é uma jovem). Retornei direto como uma flecha. O grande Trnka assombrou-se por ver-me tão depressa de volta. Bem, há muito tempo que não me sentia tão cheio de orgulho como essa noite; senti-me um pouco mais digno de ti, apenas um pouquinho, mas, não obstante, mais que de costume. Desde essa vez, tódas as tardes espero na escola de natação se chega um passageiro, mas já não aparece nenhum.

Ontem à noite, em meio de um breve sono, lembrei-me que devia festejar teu aniversário visitando todos os lugares importantes em tua vida. E imediatamente, sem nenhum esforço, encontrei-me diante da estação de Oeste. Era um edifício muito pequeno, tampouco podia haver muito lugar em seu interior, porque acabava de chegar um rápido, e um dos vagões aparecia fora do edifício, porque não cabia dentro. Tranqüilizou-me muito ver diante da estação a três jovens bastante bem vestidas (uma tinha tranças), embora muito magras, eram as que levavam as malas. Compreendi que o que tinhas feito não era fora do comum. Não obstante alegrou-me que não estivesses ali; ao mesmo tempo me entristecia não te ver. Mas como consolo encontrei uma pequena carteira que algum passageiro havia perdido, e com grande surpresa dos passageiros que me rodeavam comecei a tirar da pequena carteira umas das peças de roupa de grande tamanho.

Especialmente a segunda parte de **Typus** é excelente, aguda e maligna e anti-semítica e esplêndida. Até agora não tinha percebido que coisa mais refinada é publicar. Fala-se tão tranqüila, tão íntima, tão convincentemente com o leitor, esquece-se o resto do mundo, apenas lhe importa o leitor, mas ao final se diz, de repente: "É formoso o que escrevi? Sim? Formoso? Bem, alegro-me, mas quanto ao resto estou distante e não se pode agradecer-me com um beijo." E então esse é realmente o fim, e vai-se embora.

Sabes, de passagem, que me foste dada como presente de confirmação, já que também existe uma espécie de confirmação judia? Eu nasci no ano oitenta e três, de modo que tinha treze anos, quando tu nasceste. O décimo-terceiro aniversário é uma festa muito especial, tive de recitar no templo um fragmento laboriosamente aprendido de cor, em cima, junto ao altar, e depois pronunciar em casa um pequeno discurso (também aprendido de memória). Além disso me fizeram muitos presentes. Mas suponho que não estava de acordo, faltava-me ainda certo presente, e eu pedi-o ao céu; o céu hesitou até o dia dez de agosto.

* * *

Sim, por certo que relerei com muito gosto as últimas dez cartas, embora as conheça perfeitamente. Mas faz o favor de relêr as minhas também; encontrarás nelas todo um pensionato de senhoritas em forma de perguntas.

* * *

Em Gmünd falaremos do pai.

Frente a "Grete", como em geral frente a qualquer jovem, não sei o que fazer. Terei tido alguma vez algum pensamento relacionado contigo? Não recordo. Gosto de sentir tua mão na minha, gosto de olhar-te nos olhos. Isso é tudo, fora Grete!

No que diz respeito a "não ganhar", "não compreendo como semelhante pessoa...", eu também me encontro com o mesmo problema; é um problema que não creio que possamos resolver nem mesmo juntos. Por outra parte, é vergonhoso. Em todo caso, não penso malbaratar nele nem um só minuto de Gmünd. Agora vejo que terás que mentir muito mais do que eu. Isso me pesa. **Se se apresentasse algum obstáculo sério, fica-te tranqüila em Viena** — mesmo sem me avisar —, afinal de contas terei feito uma excursão a Gmünd e estarei três horas mais próximo de ti. Já tenho o passe. Telegrafar-me não poderás, pelo menos hoje, por causa das greves em Viena.

* * *

Quarta-feira

Não compreendo que me peças perdão. Se já se acabou, é evidente que te perdôo. Implacável me mostrei enquanto não se tinha terminado, e nesse momento não te importava.

Como poderia não te perdoar por algo que já se passou? Que confusão haverá em tua cabeça, para que não possas crer algo semelhante!

Não me agrada a comparação com teu pai, pelo menos por enquanto. Também eu te perderei? (Por outra parte, não tenho a energia de teu pai, a energia que seria necessário para isso.) Mas se insistes na comparação, então prefiro que me mandes de volta o tricô.

A compra e o envio desse tricô foi, de passagem, uma história de três horas, que me refrescou, sem dúvida a mente — nesse momento fazia-me muita falta —, e que te agradeço. Estou muito cansado hoje para contar-te, é a segunda noite que passo quase sem dormir. Não poderia portanto recolher-me um pouco em mim mesmo, para estar em condições de merecer algum elogio em Gmünd?

Realmente, sentir inveja da que se vai a Amsterdam! Por certo, é formoso o que faz, se o faz com convicção, mas tu cometes um erro lógico. Para as pessoas que vivem assim, sua vida é uma obrigação; em troca, para os que não podem viver assim seria liberade. Assim acontece em tudo. Semelhante "inveja" apenas é em última instância o desejo de morrer.

Com Max faze o que quiseres. Mas como já sei as instruções que lhe deste, quando se aproxime o fim me farei levar até sua casa, discutirei com ele uma excursão de vários dias, "porque me sinto especialmente mais forte que de costume", depois me arrastarei até minha casa e me estenderei pela última vez em meu leito.

Assim falo em verdade enquanto essa circunstância não parece por demais iminente. Mas mal minha temperatura chegue a trinta e sete e meio (trinta e oito na chuva!) os mensageiros do telégrafo tropeçaram um sobre outro em tua longa escada. Espero que estejam em greve nessa oportunidade, e não em um momento tão impróprio como este, teu aniversário.

O correio tomou por demais literalmente minha ameaça de que não daria os selos ao homem. O selo da carta expressa tinha sido descolado quando ma entregaram. De passagem, tens que compreender que é o que esse homem quer, não é que junte uma estampilha de cada emissão; tem umas folhas grandes para cada emissão, e uns grandes livros para pôr todas as folhas, e quando a folha de uma emissão está cheia, então põe outra folha, e assim sucessivamente. E com isso se passam todas as tardes, e está gordo e alegre e feliz. E com cada emissão tem um novo motivo de alegria, por exemplo hoje com os selos de cinqüenta **heller:** vão aumentar a franquia (pobre Milena!) e os selos de cinqüenta **heller** se tornarão mais raros.

O que dizes de Kreuzen me agrada (não Afleur, que é um verdadeiro sanatório pulmonar, onde dão injeções, que horror! para um de nossos empregados, foi a última etapa antes de morrer tuberculoso); também a região me agrada, e além disso tem associações históricas. Mas, estará ainda aberto nos fins de outono, e aceitarão estrangeiros, e não será mais caro para os estrangeiros, e haverá alguma pessoa, fora de mim, capaz de compreender que eu vá ao país da fome para engordar? Não obstante, lhes escreverei.

Ontem voltei a falar com o tal Stein. É uma dessas pessoas perseguidas por toda espécie de injustiças. Não sei por que se riem dele. Conhece a todos, sabe todos os pormenores pessoais, ao mesmo tempo é modesto, seus juízos são muito cautelosos, inteligentemente graduados, cheios de respeito; o fato de que sejam um pouco demasiado óbvios, demasiado inocentemente vãos apenas serve para aumentar seu mérito, sempre que se conheça os outros, os que são secreta, lasciva, criminosamente vãos. De súbito comecei a falar de Haas, passei sub-repticiamente por Jarmila, depois de um momento cheguei a teu marido, e por fim... De todos os modos não é certo que me agrade tanto ouvir falar de ti, nada disso, apenas quero ouvir teu nome, uma e outra vez, o dia inteiro. Se lhe tivesse perguntado, ter-me-ia respondido muitíssimas coisas também de ti, mas como não lhe perguntei nada, contentou-se em reprimir o fato (que êle lamentava sinceramente) de que já quase tinhas deixado de viver, destruída pela cocaína (como agradeci nesse momento que estejas viva). Cauteloso e recatado como sempre, acrescentou que ele não o tinha visto com seus próprios olhos, que apenas ouvira falar. De teu marido falou como se fala de um poderoso feiticeiro. Também mencionou um nome, novo para mim, de teus tempos em Praga: Kreidlová, creio. Teria continuado falando assim, longamente, mas me despedi; sentia-me um pouco enojado, por mim especialmente, porque tinha sido capaz de passear assim calado a seu lado e ouvir coisas que não queria ouvir e que não me diziam respeito.

* * *

Repito. Em caso de haver algum obstáculo que pudesse provocar-te o menor desagrado, fica-te em Viena, se não há outro remédio, em ora não me tenhas avisado. Mas se vens, atravessa imediatamente a barreira da fronteira. Se por um azar me ocorresse alguma desgraça, totalmente imprevisível agora, que me impedisse viajar, e já não pudesse avisar-te em Viena (nêsse caso também telegrafaria à senhora K.), encontrarias no hotel da estação de Gmünd um telegrama.

* * *

Chegaram os seis livros?

* * *

Enquanto lia a **Kavarna** (1) tive a mesma impressão que quando ouvia a Stein, apenas que tu sabes narrar muito melhor do que ele; quem sabe narrar tão bem? Mas, por que contas isso a todos os que compram a **Tribuna?** Enquanto lia parecia-me ir e vir frente ao café, dia e noite, durante anos; cada vez que chegava ou saía um cliente, convencia-me olhando pela porta entreaberta de que ainda estavas dentro; depois recomeçava o ir e vir, e esperava. Não era nem triste nem cansativo. Como poderia ser triste ou cansativo esperar diante de um café, sabendo que estás dentro dele!

* * *

Quinta-feira

Alegra-me muitíssimo que Münchausen tenha-se portado satisfatoriamente; na realidade, já tinha feito coisas muito mais difíceis. E cuidarás as rosas tão bem como cuidaste as outras flores? E que flores eram? E de quem?

O referente a Gmünd já te respondi antes que me perguntasses. Violenta-te o menos que possas, assim me violentarás o menos possível. Não tinha refletido suficientemente, não sabia que terias que dizer tantas mentiras. Mas como pode acreditar teu marido que não te escrevo e que não quero ver-te, depois de ter-te visto uma vez?

---

(1) **O Café,** título de um relato de Milena.

Dizes que às vezes sentes desejos de pôr-me à prova. Suponho que não seja uma brincadeira, não é verdade? Por favor, não o faças. Já reconhecer-se requer tanta energia, quanta mais se necessitaria para não se reconhecer?

Alegra-me muito que te parecessem tão apetitosos os anúncios. Pois, come, come! Talvez, se começasse hoje a economizar, e tu pudesses esperar vinte anos, e as peles fôssem nessa época mais baratas (porque talvez a Europa já esteja arrasada e os animais selvagens correrão pelas ruas), talvez pudesse comprar-te um abrigo de pele.

E não sabes, por acaso, quando conseguirei dormir? Talvez na noite de sábado, ou a de domingo?

Além disso, para que o saibas, esses selos sobre-impressos são sua especial ambição (não tem senão ambições "especiais"). "Que beleza esse selo, que beleza!" diz. Que verá neles!

E agora comerei e depois irei à Central de Câmbios: uma manhã de escritório.

* * *

Sexta-feira

Não sei exatamente por que escrevo, provavelmente por nervosismo, como esta manhã, quando te mandei por puro nervosismo uma estúpida resposta telegráfica à tua carta expressa, recebida ontem à noite. Esta tarde, depois de verificar em Schenker, te responderei imediatamente.

* * *

Nossa correspondência sobre este tema me demonstra uma e outra vez que estás ligada por um matrimônio quase sacramentalmente indissolúvel (quão nervoso estou, meu barco deve ter perdido não sei como o timão nestes últimos dias) a teu marido, e eu, por um matrimônio semelhante, a... não sei exatamente a que, mas o olhar desta terrível esposa com freqüência cai sobre mim, sinto-o. E o notável é que, embora ambos os matrimônios sejam indissolúveis, e no fundo não se poderia dizer uma palavra mais sobre o assunto, apesar de tudo, a indissolubilidade de um dos matrimônios cria a indissolubilidade do outro, ou pelo menos o fortifica e vice-versa.

Mas apenas subsiste o juízo que tu mesma formulaste: "Não poderá ser"; e não falemos nunca mais do futuro, apenas do presente.

* * *

Esta verdade é absoluta, irrefutável, é a coluna onde se apóia o mundo, e contudo confesso que sob o ponto de vista do sentimento (somente do sentimento, mas a verdade subsiste, igualmente absoluta. Porque saberás que quando procuro escrever algo como o que segue, se aproximam lentamente de meu corpo as espadas cujas pontas me rodeiam em círculo; é a tortura mais completa, quando começam a roçar-me, não falo de pungir-me, não, quando começam simplesmente a roçar-me, já é tão terrível que imediatamente com o primeiro grito, traio tudo, traio a ti, traio a mim, traio tudo); portanto, sempre sob esse ponto de vista, declaro que uma correspondência como esta, sobre este tema, me produz a impressão (insisto, por minha vida: somente no sentimento) de estar vivendo em algum lugar da África Central, onde tivesse vivido toda a existência, e que não obstante procurasse comunicar-te, a ti, que vives na Europa, no centro da Europa, minhas irrefutáveis opiniões sobre os próximos acontecimentos políticos. Mas esta não é senão uma comparação, uma comparação estúpida, tola, falsa, sentimental, miserável, deliberadamente cega; nada mais, creia-me, por favor, espadas!

* * *

Tens razão ao citar-me a carta de teu marido, em verdade não entendo muito bem tudo (mas **não** me mandes a carta), não obstante percebo isto: que aquele que escreve é um homem "solteiro", que quer "casar-se". Que importa sua ocasional "infidelidade", que nem sequer é infidelidade, já que ambos permanecem no mesmo caminho comum, embora sem sair do caminho ele se desvie um pouco para a esquerda? Que importa essa "infidelidade", diante de minha eterna escravidão?

* * *

Não creias que não te entendo no que se refere a teu marido. Todo o segrêdo da indestrutível solidariedade de vocês, esse rico e inesgotável segrêdo, tu o vertes constantemente em tua preocupação pelos teus sapatos. Há algo nisso que me atormenta, não sei exatamente o quê. Na realidade é muito simples: se tu te fôsses, ele teria de viver com outra mulher, ou deveria ir para uma pensão, e em qualquer caso teria os sapatos melhor lustrados do que agora. É tolo, e não o é; não sei o que me atormenta tanto nessas observações. Talvez o saibas tu.

* * *

Não estarias obrigada a passar mal no dia de teu aniversário, se antes me tivesses escrito a respeito de dinheiro. Levá-lo-ei comigo. Mas talvez não nos vejamos, afinal das contas: com esta confusão seria sumamente fácil que assim acontecesse.

Há outra coisa. Falas das pessoas que passam juntas as noites e as manhãs, e daquelas que não o fazem. Justamente a situação destas últimas me parece mais favorável. Fizeram algo mau, sem dúvida ou provavelmente, e a sujeira dessa cena provém, em essência, como bem dizes, do fato de não se conhecerem bem, e é uma sujeira física, como a sujeira de uma casa nunca habitada que de súbito, selvagemente, se abre ao mundo. É mau, sem dúvida, mas não pode dizer-se que tenha acontecido nada decisivo, nada francamente decisivo no céu ou sobre a terra; em realidade é um mero "jogo com uma bola", como tu o chamas. Como se Eva tivesse arrancado a maçã (às vezes creio entender o Pecado Original melhor que ninguém) apenas para mostrá-la a Adão, porque lhe agradava. O decisivo foi mordê-la, o fato de brincar com ela não estava na realidade permitido, mas tampouco estava proibido.

De modo que não receberei resposta desta carta até dentro de dez ou catorze dias; em comparação com estes últimos tempos é quase como se me tivesses abandonado, não é verdade? (1) E justamente agora me parece sentir o desejo de dizer-te algo inexprimível, inenarrável, não para arranjar algo que tenha arruinado em Gmünd, não para salvar algo afogado, porém para fazer-te de algum modo mais profundamente compreensível minha situação, para que não te afastes assustada de mim; o que apesar de tudo pode acontecer entre duas pessoas. Às vezes parece-me levar comigo tais lastros de chum-

(1) Milena encontrava-se em St. Gilgen.

bo, que em um instante poderiam afundar-me no mais profundo do mar, e aquele que quisesse reter-me ou ainda "salvar-me", desistiria, não por fraqueza, nem sequer por desesperança, porém meramente de fastídio. Por certo, isto não te digo a ti, porém a um débil reflexo teu, um reflexo que a cabeça fatigada, vazia (não infeliz nem agitada, é quase um estado que inspira gratidão), pode reconhecer.

* * *

Bem, ontem fui ver Jarmila. Como parecias dar-lhe tanta importância não quis demorá-lo nem um dia mais; por outra parte, para dizer-te a verdade, a idéia de ter que falar com Jarmila me inquietava, e quis terminar quanto antes com o assunto; apesar de não estar afeito (já não se tratava de meros canudos de ganso), o qual, no sentido do maior ou menor êxito de minha missão, não me pareceu que pudesse resultar prejudicial. Mais ou menos cheguei às seis e meia, a campainha da porta não tocava, os golpes tampouco davam resultado, alguns jornais apareciam na caixa de correspondência, evidentemente não havia ninguém na casa. Permaneci por ali um instante, do pátio saíram duas mulheres, uma era Jarmila, a outra talvez sua mãe. Eu reconheci Jarmila logo, embora não se parece muito com a fotografia, e nada contigo. Saímos imediatamente da casa e passeamos durante uns dez minutos por trás da ex-Academia Militar. O que mais me surpreendeu foi que, contrariamente ao que me tinhas anunciado, se mostrasse tão loquaz, embora somente durante esses dez minutos. Falava quase sem cessar, recordava-me muito a loquacidade dessa carta sua que uma vez me mandaste. Uma loquacidade de certo modo independente da oradora, esta vez chamava ainda mais a atenção, porque não se referia a pormenores tão concretos como na carta. Sua vivacidade explica-se em parte pelo fato de que, segundo disse, já fazia vários dias que o assunto (1) a tinha em brasas; tinha telegrafado a ti, havia-te mandado uma carta expressa, tinha queimado as cartas imediatamente, como tu o sugeriste; já não sabia que podia fazer para tranqüilizar-te o mais depressa possível, e por isso havia decidido vir ver-me esta tarde para falar da questão pelo menos com alguém que sabe tudo. (Ao que parece acredita saber onde moro. O motivo é este: uma

(1) Provavelmente o assunto das cartas anônimas.

vez, creio que no outono passado, ou já na primavera, não sei, fui com Ottla e a pequena Rúzenka — a que no palácio Schönborn profetizou minha morte próxima — ao dar um passeio de bote; diante do Rudolphinum encontramo-nos com Haas, acompanhado por uma mulher à qual não prestei quase nenhuma atenção: era Jarmila. Haas mencionou meu nome, e Jarmila recordou que alguns anos antes tinha conversado várias vêzes na escola de natação com minha irmã; como a escola de natação era nessa época muito cristã, a recordação de minha irmã tinha permanecido em sua memória como uma curiosidade judia. Nesses dias vivíamos diante da escola, e Ottla mostrou-lhe nossa casa. Bem, esta é toda a longa história.) Por isso estava tão sinceramente contente com minha visita, por isso se mostrou tão animada, e por outra parte tão infeliz, enquanto falávamos dessas complicações, que com toda a certeza, com toda a certeza já chegam ao seu fim; e que não terão, com toda certeza, com toda certeza, me assegurou quase apaixonadamente, novas conseqüências. Mas a minha ambição não se dava por satisfeita, eu teria querido queimar pessoalmente essas cartas — sem compreender totalmente, em verdade, a importância das mesmas, mas vivendo incondicionalmente a tarefa que me tinhas imposto — e esparzir as cinzas pelo Belvedere.

Dela falou muito pouco; que está sempre em casa — sua cara o demonstra — que não fala com ninguém, que suas únicas saídas consistem em ir às vezes comprar algo na livraria, às vezes deitar uma carta na caixa do correio. Fora disso, apenas falou de ti (ou fui eu que somente falei de ti, é difícil distinguir na lembrança); quando lhe mencionei que te havias alegrado muito ao receber uma carta de Berlim que mencionava a possibilidade de uma visita sua, disse que já quase não compreendia a possibilidade da alegria, e menos ainda que alguém se alegrasse por sua causa. Parecia simples e verídico. Disse que não se podia apagar simplesmente os velhos tempos, e que sempre contém possibilidades capazes de recobrar nova vida. Disse que sim, que talvez isso ocorresse quando estava próxima, e que nos últimos tempos havia pensado em ti com tanto prazer, e que chegara a parecer-lhe tão óbvio e tão necessário que estivesses ali — e apontou várias vezes o solo diante de seus pés, já que também suas mãos estavam muito animadas — ali, ali.

Despedimo-nos rapidamente diante de sua casa.

Antes, aborrecera-me um pouco com uma complicada história sobre uma fotografia tua especialmente formosa que me queria mostrar. Por fim aconteceu que pouco antes de sua viagem a Berlim, quando queimou todas suas cartas e papéis, tivera na mão a fotografia, e essa mesma tarde tinha-a procurado, mas sem encontrá-la.

Depois te mandei um exagerado telegrama, dizendo-te que cumprira com a tarefa imposta. Mas, teria podido fazer mais? E estás de acordo comigo?

* * *

É absurdo rogar, quando somente receberás esta carta dentro de catorze dias, mas talvez não seja mais que uma pequena soma à insensatez do pedido: Não permitas, se é possível neste mundo instável (onde se é arrastado quando é arrastado, e não se pode fazer nada contra), não permitas que nada te afaste assustada de mim, embora alguma vez ou mil vezes ou justamente neste momento ou talvez sempre te decepcione. Na realidade não é um pedido, e não se dirige tampouco a ti, não sei aonde se dirige. É simplesmente a opressa respiração do peito opresso.

* * *

Quarta-feira

Tua carta de segunda-feira pela manhã. Desde aquela manhã de segunda-feira, ou antes desde o meio-dia daquela segunda-feira, quando o efeito benéfico da viagem (fora tudo o mais, cada viagem é em si um descanso, uma cura, um puxão do pescoço, uma completa sacudida) já se tinha dissipado um pouco, desde esse momento te canto incessantemente um único canto, incessantemente variado e sempre igual, opulento como um sono sem sonhos, tedioso e cansativo até o ponto de que às vezes até eu mesmo permaneço adormecido; alegra-te por não ter que o ouvir, alegra-te por encontrar-te a salvo de minhas cartas durante tanto tempo.

* * *

Ah, conhecimento da natureza humana!

Em virtude de que posso opor-me a que engraxes realmente bem os sapatos? Lustra-os bem, depois deixa-os em um canto e que não se fale mais do assunto. Mas com o pensamento passas o dia inteiro lustrando-os, somente isso me tortura às vezes (e nem por isso os sapatos estão mais limpos).

* * *

Quinta-feira

Quisera ouvir constantemente uma frase, não a que tu desejas, porém esta: "És meu". E por que justamente essa? Nem sequer significa amor, antes proximidade e obscuridade.

Sim, a mentira era grande, e eu participei dela; mas o que é pior, em um canto, para mim somente, fazendo-me de inocente.

Por infelicidade sempre me impões tarefas que já estão cumpridas quando chego. Tens tão pouca confiança em mim, ou apenas queres inspirar-me um pouco de confiança em mim mesmo? Nesse caso é demasiado evidente.

O que o telegrama de Jarmila (por outra parte enviado antes de nosso encontro) tem que ver comigo, ou pelo menos com os ciúmes, não o compreendo. Minha visita em todo caso pareceu alegrá-la (por tua causa), mas muito mais minha despedida (por minha causa, ou melhor dito por causa dela).

Poderias ter-me escrito algumas palavras mais sobre o resfriado, é conseqüência de Gmünd ou do regresso do café? Aqui, de passagem, faz ainda um verão formoso, no momento; além disso o domingo somente choveu no sul da Boêmia, eu estava orgulhoso, todo o mundo podia ver pelas minhas roupas empapadas que vinha do lado de Gmünd.

* * *

Sexta-feira

Lido de perto, não se compreende todo este sofrimento em que vives atualmente, não se compreende em absoluto, é preciso afastá-lo um pouco da vista, mas ainda assim se torna quase impossível.

Compreendeste mal o que disse das garras, de qualquer maneira era incompreensível. O que dizes de Gmünd é certo, no sentido mais amplo. Recordo por exemplo que me perguntaste se não te havia sido infiel em Praga. Era meio em brincadeira, meio a sério, meio indiferente; de novo os três meios, justamente porque era impossível. Tinhas minhas cartas, e contudo perguntavas-me isso. Parece-te uma pergunta possível? Como se não bastasse, fi-la mais impossível. Disse que sim, que fora fiel. Como é possível que se fale desse modo? Nesse dia, houve longos momentos, com freqüência, em que nos falávamos e nos escutávamos como desconhecidos.

Jarmila veio ver-me ontem, ao entardecer (não sei como soube meu endereço atual), eu não estava em casa, deixou uma carta para ti e uma nota escrita com lápis, pedindo-me que te mandasse a carta, porque embora possua teu endereço no campo não lhe parece suficientemente certo que a recebas.

* * *

Segunda-feira

Bem, não durou tanto como eu temia, recebi as duas cartas de Salzburgo, oxalá tudo corre bem em Gilgen, evidentemente já estamos no outono, não se pode negar. Sinto-me mal e bem, segundo como se olhe, espero que minha saúde se prolongue um pouco apesar do outono. Ainda teríamos que falar ou que escrever-nos sobre Gmünd, essa idéia é parte de meu mal-estar; acrescento a carta de Jarmila. Respondi a sua visita com um telegrama urbano, dizendo-lhe que certamente mandaria a carta, sempre que não contivesse nada urgente, já que não esperava saber teu endereço até dentro de uma semana. Não me respondeu.

(À margem direita.) Se é possível, manda-me por favor uma fotografia de tua casa.

* * *

Quinta-feira

Li primeiro a carta escrita a lápis; na carta de segunda-feira apenas olhei de passagem uma frase sublinhada, depois preferi esperar um pouco; quão ansioso estou e que infelicidade não se poder derramar-se inteiro em cada palavra, com tudo o que se é; assim, se a palavra é atacada, defende-se a pessoa por inteiro, ou é aniquilada por inteiro. Mas também nisto não só é possível a morte, também são possíveis as enfermidades.

Mesmo antes de terminar tua carta — para o final mencionas algo parecido — pensei se não seria possível que ficasses aí um pouco mais do previsto, tanto como o outono to permita. Não é possível?

As cartas de Salzburgo chegaram ràpidamente: as de Gilgen demoram um pouco, mas também recebo notícias por outras vias, de vez em quando. De uma nota de Polgar no periódico, por exemplo: fala do lago, é infinitamente triste e contudo desconcerta porque é constantemente alegre; bem, não é muito, mas também há notícias de Salzburgo, do Festival, do tempo variável; tampouco isto é alegre. Não terás ido demasiado tarde? Além disso, às vezes faço que Max me fale de Wolfgang e de Gilgen, parece que passou ali dias muito felizes quando menino, suponho que em outros tempos terá sido melhor que agora. Mas tudo isto seria muito pouca coisa, se não fosse pela **Tribuna**, essa possibilidade de encontrar todos os dias algo teu; e depois o fato concreto de encontrá-lo, de vez em quando. Desagrada-te que fale disso? Mas lei-o com prazer. E quem poderia falar dessas coisas senão eu, teu melhor leitor? Mesmo antes que me dissesses que às vezes pensas em mim ao escrever, já sentia que os artigos tinham alguma relação comigo, quer dizer, que pareciam apertar-se contra mim; desde que mo disseste explicitamente, lei-os quase com ansiedade; e quando, por exemplo, falas de uma lebre na neve, quase me vejo a mim mesmo, correndo pela neve.

(À margem esquerda.) Sim, já sabia que tinha passado por algo que me dizias na carta e, sem poder esquecê-lo, tampouco podia recordá-lo: Febre? Febre verdadeira? Febre verificada?

* * *

Já li a outra carta, por fim, mas na realidade apenas desde onde diz: "Não quero que me respondas isto." Não sei o que precede a esta frase, mas hoje, diante das cartas que te confirmam irrefutavelmente tal como és no mais íntimo de mim mesmo, estou disposto a afirmar que é certo, mesmo sem lê-lo, ainda que atestasse contra mim diante dos mais altos tribunais. Sou sujo, Milena, infinitamente sujo, por isso faço tanto alvoroço em torno da pureza. Ninguém canta com tanta pureza como os que estão no mais profundo inferno; seu canto é o que acreditamos seja o canto dos anjos.

Há alguns dias reiniciei minha vida de "serviço militar", ou mais exatamente de "manobras"; há anos descobri que em certas épocas é a vida que me convém. Dormir o mais que posso à tarde, na cama, depois passear umas duas horas, a pé, depois permanecer desperto enquanto possa. Mas o inconveniente reside nesse "enquanto possa". "Não se pode muito tempo, nem à tarde, nem à noite, e não obstante pela manhã estou francamente esgotado quando chego ao escritório. E o verdadeiro prêmio apenas se encontra no mais fundo da noite, durante a segunda hora, a terceira, a quarta; mas atualmente, se não me recosto pelo menos à meia-noite, posso dar por perdidos a noite e o dia e eu mesmo. Contudo, nada disto importa, esta espécie de "serviço militar" é conveniente, mesmo sem resultados. Não os haverá, por outra parte, necessito pelo menos meio ano dessa vida para "desprender-se a língua" e comprovar então que já se terminou, que a permissão de estar sob as armas já chegou a seu fim. Mas como já disse: é bom em si, mesmo quando a tosse decida intrometer-se durante períodos mais ou menos longos ou curtos.

Por certo, as cartas não eram tão más; mas realmente não mereço esta carta escrita com lápis. Haverá na realidade alguém que a mereça, em todo o céu e em toda a terra?

* * *

Quinta-feira à noite

Hoje não fiz quase nada, a não ser permanecer sentado, ler um pouco aqui e ali; mas no fundo não fiz nada, a não ser sentir uma levíssima dor que trabalhava em minha fronte. Passei o dia inteiro pensando em tuas cartas, atormentado, enamorado, preocupado, com um temor muito indefinido de algo indefinido, cuja indefinibilidade consiste em essência em exceder imensamente minhas forças. Ao mesmo tempo não me atrevia a ler pela segunda vez as cartas, e meia página de uma delas nem sequer pela primeira vez. Por que não pode alguém resignar-se ao fato de que viver nesta tensão tão especial, suicida, em contínuo suspense é o correto? (Tu mencionaste às vezes algo similar, nesse momento procurei rir-me.) Por que não a solta alguém antecipadamente, em troca, por que não emerge dela como um animal irracional (amando essa irracionalidade como um animal) e assim conduz toda essa eletricidade anormal e enlouquecida para o corpo, até que o consuma quase inteiramente?

Não sei exatamente o que quero dizer com tudo isto, apenas quisera de algum modo começar a captar os lamentos, não os explícitos, porém os calados, que surgem de tuas cartas; e posso fazê-lo, porque no fundo são os meus. Que mesmo aqui, na obscuridade, estejamos tão de acordo é o mais notável de tudo, e por assim dizer apenas posso acreditá-lo intermitentemente, cada dois instantes.

* * *

Sexta-feira

Em lugar de dormir passei a noite (embora não inteiramente pela minha vontade) com as cartas. Não obstante, as coisas não chegaram a seu pior momento. Na realidade não recebi carta ainda, mas tampouco isso importa muito em si. É talvez muito melhor, agora, que não nos escrevamos todos os dias; secretamente, o tinhas advinhado antes que eu. As cartas cotidianas enfraquecem, em vez de fortificar; antes a gente bebia a carta até o fundo e sentia-se (falo de Praga, não de Merano) dez vezes mais forte e dez vezes mais sedento ao mesmo tempo. Mas agora se tornou mais sério; agora a gente morde-se os lábios enquanto lê a carta, e nada é mais seguro do que essa leve dor na fronte. Mas mesmo isto passaria, somente uma coisa seria intolerável: não fiques doente, Milena, não fiques doente. Não escrever está bem (porque, quantos dias preciso para terminar com duas cartas como as de ontem? Pergunta estúpida, já que, porventura se pode terminar com elas em um determinado número de dias?); mas que a enfermidade não seja o motivo. Por certo, digo-o pensando somente em mim. Que faria eu? Muito provavelmente o mesmo que agora, mas, como o faria? Não, não quero pensar nisso. Ao mesmo tempo, quando penso em ti, a imagem mais clara que me aparece é a tua na cama, tal como estavas deitada no prado, em Gmünd, ao entardecer (quando te falei de meu amigo e tu prestaste tão pouca atenção). E não é uma imagem torturante, em absoluto, porém na realidade a melhor que posso evocar nestes momentos, te vejo na cama, cuido um pouco de ti, vou e venho, ponho a mão em tua fronte, imerjo em teus olhos quando me inclino para ti, sinto teu olhar sobre mim enquanto dou voltas pelo quarto; e tenho consciência constante, com um orgulho já irreprimível, de que vivo para ti, e que me é permitido, e que portanto começo a agradecer o fato de que alguma vez te tenhas detido ao meu lado e me tenhas estendido a mão. A tua seria além do mais uma enfermidade que passaria logo e que te deixaria mais sadia do que antes, da qual voltarias a erguer-te mais esplêndida, enquanto eu, rápida e repentinamente, e oxalá sem ruído nem dor, desapareço arrastando-me sob a terra. Bem, tudo isso não é muito doloroso, mas a idéia de que podes ficar doente, tão distante...

* * *

A ti também te agradam os guardas de bondes; não é certo? Sim, esses guardas de antes, tão alegres e ao mesmo tempo tão tipicamente vienenses em sua magreza. Mas também aqui são excelentes pessoas; os meninos querem ser guardas para ser poderosos e respeitados, para ir e vir com o bonde, para deter-se no estribo, para poder inclinar-se diante dos outros meninos, e também eles têm um picador de bilhetes e muitíssimos bilhetes; mas eu quisera, já que todas estas possibilidades antes me aterram, ser guarda de bondes para poder ser como eles tão alegre e participar de tudo. Uma vez eu ia atrás de um bonde que seguia lentamente, e o guarda... (chegou o poeta, vem procurar-me no escritório, que espere até que termine com os guardas)... estava na plataforma de trás, agachava-se para mim e me gritava algo que eu não podia ouvir em meio do ruído da Josefsplatz, fazia agitados movimentos com ambos os braços para mostrar-me algo; mas eu não o compreendia, e ao mesmo tempo o bonde se afastava cada vez mais, e seus esforços pareciam cada vez mais vãos; por fim compreendi: tinha-se soltado o cordão de ouro do pescoço, e o homem queria prevenir-me disso. Lembrei-me disto esta manhã, quando tomei o bonde, embotado como um fantasma inválido em conseqüência da noite anterior, e o guarda me deu o troco de cinco coroas, e para animar-me (não exatamente para animar-me, a mim, já que nem me havia olhado, porém para animar o ambiente) fez certa observação amistosa a respeito dos bilhetes que me dava de troco, e que eu não esperei; então um homem que estava ao meu lado me sorriu, também, por causa desta distinção, o que eu apenas pude responder mediante outro sorriso; e desse modo tudo se tinha tornado um pouco mais simpático. Se também pudesse alegrar o céu chuvoso de St. Gilgen!

* * *

Sábado

Tão formoso, tão formoso, Milena, tão formoso. Nada é tão formoso na carta (de terça-feira) como a calma, a confiança, a clareza de onde surge.

Pela manhã não tinha chegado nada; facilmente me teria resignado com o fato em si; no que diz respeito à recepção de cartas as coisas mudaram muito, mas quanto a escrevê-las não mudaram quase nada, a necessidade e a felicidade de ter que escrever persistem; portanto, me teria resignado ao inevitável, para que necessito uma carta, quando por exemplo ontem passei o dia inteiro e a vigília e a metade da noite conversando contigo, uma conversação tão sincera e tão séria como a de menino da minha parte, e tão compreensiva e séria como a de uma mulher da tua parte (na realidade nunca vi um menino ou uma mãe semelhantes); de modo que tudo teria passado sem inconvenientes, salvo o desejo de saber por que não me escrevias, não podia ver-te constantemente doente na cama, em teu quartinho, sob a chuva outonal, sozinha, com febre (ma mencionaste), com um resfriado (mo mencionaste), com suores noturnos e fadiga (tudo isso mo mencionaste)...; se nada disto é certo, então está bem, e por agora não desejo nada melhor.

* * *

Não quero embarcar-me agora em uma resposta ao primeiro parágrafo de tua carta, na realidade nem sequer li ainda o mencionado primeiro parágrafo da carta anterior. São coisas tão profundamente enredadas que apenas podem ser resolvidas em uma conversação entre mãe e filho, do que talvez sejam audíveis apenas porque não podem acontecer. Não quero embarcar-me nisso porque a dor espreita em minhas frontes. Ter-me-ão disparado a flexa do amor à fronte, em lugar de ao coração? Tampouco direi nada mais de Gmünd, pelo menos nada intencional. Teria muito que dizer sobre isso, mas ao final se chegaria simplesmente à conclusão de que se o primeiro dia em Viena me tivesse ido ao anoitecer, o resultado teria sido mais ou menos o mesmo; embora Viena tivesse sôbre Gmünd a vantagem de que cheguei meio inconsciente de temor e esgotamento; em troca a Gmünd cheguei (sem sabê-lo, tanto tolo era) magnificamente seguro, como se já não pudesse acontecer-me nada, nunca mais; cheguei como um dono de casa; é notável que apesar de todas as inquietações que constantemente me agitam esse entorpecimento da posse seja, não obstante, possível em mim, e mais ainda, seja talvez o único defeito meu, nesta e em várias outras coisas.

Já são quase as três menos um quarto, recebi tua carta pouco antes das duas, será melhor que suspenda e vá comer, não é verdade?

A tradução da frase final é muito boa. Nesse conto cada frase, cada palavra, cada música — se me é permitido dizê-lo assim — está relacionada com o "temor"; a ferida abria-se pela primeira vez, durante uma longa noite, e no meu entender a tradução capta perfeitamente a referida relação, com essa mão mágica que é a tua.

Vês que torturante é receber cartas, bem, já o sabes bem. Hoje existe entre tua carta e a minha — até onde é possível em meio desta grande incerteza — uma contigüidade clara, sã, livre de opressões, e agora tenho que esperar as respostas a minhas cartas anteriores, o que me assusta.

De passagem, como podes esperar minha carta na terça-feira, quando sabes que somente soube teu endereço na segunda-feira?

Domingo

* * *

Um erro notável, ontem. Ao meio-dia estava tão contente com tua carta (a de terça-feira) e, quando a releio à noite, descubro que em essência não difere de todas as últimas cartas, é **mais infeliz ainda do que confessa sê-lo.** O erro demonstra até que ponto apenas penso em mim mesmo, vivo encerrado em mim mesmo, apenas seguro de ti o que posso reter; e uma vez seguro, preferiria fugir correndo para o deserto, para qualquer parte, para que ninguém mo tire. Porque acabava de chegar ao meu quarto, depois de uma sessão de ditado, no escritório, porque ali, surpreendentemente, me esperava tua carta, porque a li feliz e ávido, porque não se via a primeira vista nada contra mim, em letras proeminentes, porque por uma casualidade as frontes me batiam descompassadamente, porque me sentia tão leve de espírito como para imaginar-te tranqüila e pacificamente ao abrigo do bosque, do lago e das montanhas, por todos êsses motivos e por vários outros, nenhum dos quais tinha absolutamente nada a ver com tua carta e com tua verdadeira situação, a carta pareceu-me alegre, e em conseqüência a respondi insensatamente.

* * *

Segunda-feira

Já vês, Milena, tão incontrolável se é, tão caprichosamente somos arrastados por um mar que apenas por malícia não nos afoga. Há pouco te pedi que não me escrevesses todos os dias, era sincero, tinha medo das cartas; quando por casualidade não chegava nenhuma me sentia mais calmo; quando via uma sobre a mesa tinha que pedir ajuda a todas minhas forças e de nenhum modo me alcançavam; e hoje teria sido infeliz, se não tivera recebido êstes postais (apropriei-me deles, dos dois). Obrigado.

* * *

De todas as generalizações que li até agora sobre a Rússia o artigo que te envio é o que me produziu a maior impressão, ou antes produziu-a em meu corpo, em meus nervos, em meu sangue. É verdade que não o aceitei exatamente como está escrito; primeiro o transcrevi para minha orquestra. (Suprimi o final, contém acusações contra os comunistas, que não correspondem aqui, já que no fundo todo o artigo é simplesmente um fragmento.)

* * *

Quinta-feira

Chegaram tuas cartas do domingo e da segunda-feira, e um cartão postal. Por favor, procura julgar-me corretamente, Milena. Estou aqui sentado, tão afastado, tão distante, e não obstante em relativa calma, me passam tantas coisas pela cabeça, mêdo, inquietação, e assim as transcrevo, embora não tenham muito sentido, e quando te falo me esqueço de tudo, também de ti, e apenas quando chegam duas cartas como estas torno a ter consciência de tudo.

Não entendo em absoluto um de teus temores sobre o inverno. Se teu marido está tão doente, e além disso com duas enfermidades, e se se trata de algo sério, então não pode ir ao escritório, e naturalmente não podem despedi-lo, já que é um empregado permanente; por causa de suas enfermidades, por outra parte, terá que organizar sua vida de outro modo, o que simplificará tudo e resultará pelo menos exteriormente mais simples, por triste que seja em outros sentidos.

Mas uma das coisas mais insensatas deste mundo é a seriedade com que se trata o problema da culpa; pelo menos assim me parece. Não é que considere insensato proferir censuras; por certo, quando se está em apuros proferem-se censuras em todas as direções (embora não se tratem, é claro, de apuros supremos, porque nesse caso não se profere uma única censura); é também compreensível que em um momento de agitação e de confusão a gente não tome essas censuras a sério; mas que se acredite possível discutir a questão como se se tratasse de um problema aritmético qualquer, tão claro que suas conseqüências podem aplicar-se à vida cotidiana, isso sim não o compreendo. Por certo tens a culpa, mas também a tem teu marido, e novamente tu, e novamente ele, já que não pode ser de outro modo na convivência humana, e a culpa se amontoa em uma sucessão infinita, até chegar ao velho pecado original, mas, de que pode servir-me para o dia de hoje ou para a visita ao médico de Ischl escavar o pecado eterno?

E lá fora chove constantemente, não quer cessar. Não me importa em absoluto, estou ao abrigo e apenas me envergonha comer meu opulento almoço diante do pintor que nesse momento está justamente diante de minhas janelas, sobre o andaime, e que, furioso por causa da chuva momentaneamente interrompida, e pela quantidade de manteiga que espalho sobre o pão, salpica as janelas sem necessidade, o que por outra parte apenas será uma imaginação minha já que provavelmente se interessa cem vezes menos em mim do que eu nele. Não, neste momento está realmente trabalhando sob o dilúvio e os trovões.

Nos últimos tempos tive algumas notícias de Weiss, sei que provavelmente não está doente, mas sim sem dinheiro, pelo menos assim estava neste verão. Há umas três semanas lhe mandei uma carta registrada, à Selva Negra; não me respondeu. Agora está junto a Starnberger See com sua amiga, que por sua vez escreve cartões realmente melancólicos, sérios (assim é seu caráter), embora não em essência infelizes, (isso, por outra parte, também corresponde a seu caráter), a Baum.

Pouco antes de sua partida de Praga (onde teve muito êxito no teatro), há mais ou menos um mês, falei algumas palavras com ela. Parecia infeliz, além do mais é débil e delicada, mas indestrutível, estava esgotada pela sua atividade teatral. Deu-me notícias de Weiss, mais ou menos desse modo: "Está na Selva Negra, não se sente bem ali, mas agora nos iremos juntos ao Starnberger See, as coisas mudarão."

* * *

Domingo

Nesta carta, Milena, é o mais importante o que querias ou na realidade o é a confiança? Já uma vez me escreveste sobre isso, em uma das últimas cartas a Merano; já não tinha tempo de te responder.

Observa que Robinson teve que se fazer inscrever na tripulação, teve de fazer essa viagem perigosa, sofrer um naufrágio e muitas outras coisas; a mim me bastaria perder-te sòmente e já seria Robinson. Mas o seria mais do que ele. A ele lhe restavam a ilha, e Sexta-feira, e muitas coisas, e especialmente o barco que o levou de retorno e converteu tudo o mais quase em um sonho; eu em troca não teria absolutamente nada, nem sequer o nome, porque também to dei.

E na realidade por isso em certo modo sou independente de ti, exatamente porque a dependência passa todos os limites. O "Uma coisa ou outra" é demasiado vasto. Ou és minha, e nesse caso tudo está bem, ou te perco, e nesse caso não se pode dizer que tudo esteja mais ou menos mal, porque já não existe tudo nem nada, já não restam nem ciúmes nem padecimento nem ansiedade, absolutamente nada. E na verdade é até certo ponto uma blasfêmia construir tanto sobre uma pessoa; por isso mesmo penetra o temor nos cimentos, mas não é o temor por ti, porém o temor de ter-se atrevido a construir desse modo. E por isso, como resistência (embora provavelmente foi assim desde um princípio), se misturam tantas coisas divinas em teu amado rosto terreno. '

Assim que Sansão já confiou o seu segredo a Dalila, e Dalila pode cortar-lhe o cabelo, que como preparação tantas vezes lhe acariciou; mas, que o faça! Enquanto não possua ela um segredo similar, não tem absolutamente nenhuma importância.

Sem motivo aparente, desde há três noites durmo muito mal, espero que estejas razoavelmente bem, não é assim?

Acaba de chegar o telegrama; rápida resposta, se é uma resposta. Chegou tão de surpresa, e tão de surpresa o abri, que não teve tempo de assustar-me. Na realidade, de algo assim necessitava hoje; como o soubeste? A naturalidade com que surge de ti o mais necessário, sempre.

* * *

Terça-feira

Mal-entendido, não, é pior que um mero mal-entendido, em todo sentido, Milena, embora naturalmente compreendes o aspecto superficial, mas que pode entender-se ou não se entender nesta questão? É um mal-entendido que ressurge constantemente, que já surgiu uma, duas vezes em Merano. Afinal de contas não te pedia conselho, como lhe pediria conselho ao homem que está sentado nessa escrivaninha à minha frente. Falava comigo mesmo, pedindo-me conselho a mim mesmo, em um profundo sono, e tu me despertas.

* * *

Não sei se entendeste bem minha observação sobre o artigo do bolchevismo. Aquilo que o autor censura nele é para mim o maior elogio possível na terra.

* * *

Se ontem à noite (quando por volta das oito horas olhei da rua para o interior do salão de festas da Municipalidade Judia, onde se encontram alojados mais de cem emigrados judeus russos — que esperam visa para irem à América —, a sala está cheia como em uma assembléia pública; e depois às doze e meia, quando os vi a todos adormecidos, um junto ao outro, alguns dormiam estendidos sobre cadeiras, de vez em quando algum tossia ou se voltava de costas ou passava cuidadosamente por entre as fileiras de adormecidos, sob a luz acesa toda a noite), se ontem à noite me tivessem oferecido ser o que eu quisesse, teria escolhido ser um menininho judeu oriental, em um canto dessa sala, sem sombras de preocupações, enquanto o pai discute em meio do salão com os homens, e a mãe, pesadamente enroupada, mexe nos pacotes de viagem, e a irmã conversa com as jovens e se penteia a formosa cabeleira; e dentro de algumas semanas estarão na América. As coisas não são tão simples, não obstante, houve casos de disenteria, na rua há pessoas que os insultam pelas janelas, até entre os judeus há discussões, dois já se atracaram com canivetes. Mas se um é pequeno, observa e julga tudo rapidamente, que pode acontecer-lhe? E havia muitos meninos assim, correndo, subindo aos colchões, arrastando-se por baixo das cadeiras e espreitando o pão que alguém — é **uma só** nação — lhes cobria com algo; tudo é comestível.

* * *

Têrça-feira

Hoje chegaram duas cartas e a foto-postal. Abria-as tremendo. Ou és inconcebivelmente boa, ou te dominas incrivelmente: tudo demonstra o primeiro, algumas coisas também o segundo.

Repito: Tinhas absoluta razão. E se tu — embora seja impossível — me tivesses feito algo parecido em sua desconsideração, em sua estreiteza de vistas, em sua estupidez infantil, em seu excesso de confiança e ainda em sua despreocupação, algo parecido ao que te fiz ao falar com V., eu teria enlouquecido, e não somente no momento de enviar o telegrama (1).

Apenas li duas vezes o telegrama, a primeira rapidamente, ao recebê-lo, e a segunda dias depois, quando o rasguei.

É difícil descrever a primeira leitura, tantas coisas se atropelaram em mim. O mais óbvio era que me batias; creio que começava com "imediatamente", esse era o golpe.

(1) Kafka interviera em nome de Milena em uma questão de família, e aparentemente tinha-se conduzido com tato e perícia. Não se encontram motivos concretos para esta violenta confissão de culpalidade.

Não, hoje não posso falar disto em pormenor, não porque esteja especialmente fatigado, porém porque me sinto "pesado". O Nada, que alguma vez te mencionei em uma carta, soprou sobre mim.

Todo este assunto seria incompreensível, por certo, se acreditasses ter-me conduzido de modo culpável; então sim me terias golpeado com razão. Não, temos ambos a culpa, e nenhum a tem.

Talvez, depois de vencer uma justificada resistência, possas reconciliar-te com a carta de V. que encontrarás em Viena. No dia do telegrama, à tarde, fui à casa de teu pai para vê-la. Embaixo dizia "**I. schody**", sempre acreditei que querias dizer primeiro andar, e agora descubro que é próximo do sótão. Abriu-me uma criada jovem, bonita e alegre. V. não estava, supunha-o, mas apenas havia ido fazer algo e também para averiguar a que horas chegava pela manhã. Na manhã seguinte esperei-a portanto, frente à casa, agradou-me; inteligente, prática, franca. Não falei com ela muito mais do que te disse no telegrama. (À margem esquerda.) Em parte posso dissipar os temores que te inspirava teu pai, em outra carta.

Jarmila veio há três dias ver-me no escritório, há muito que não sabia nada de ti, nem tampouco sabia da inundação, e vinha em busca de notícias. Tudo foi muito bem. Permaneceu somente um instantinho. Esqueci-me de lhe comunicar que querias que te escrevesse. Dir-lho-ei por escrito, em um par de linhas.

Ainda não li atentamente as cartas, quando o fizer voltarei a escrever-te.

* * *

Acaba de chegar também o telegrama. Realmente? Realmente? E não me castigas mais?

Não, não podes alegrar-te por isso, é impossível. É um telegrama do momento, como o anterior, e a verdade não é nem esta nem aquela. Às vêzes, quando a gente se desperta pela manhã acredita que a verdade está ali, ao lado da cama; para ser mais exato, uma tumba com algumas flôres murchinhas, aberta, esperando.

Quase não me atrevo a ler as cartas, mal consigo lê-las aos pedaços, não posso suportar a dor que me produzem.

Milena — e novamente separo teu cabelo e o empurro para as costas — sou um animal tão maligno, maligno comigo e igualmente maligno contigo, ou não seria mais correto falar do mal que está atrás de mim e que me impele? Mas nem sequer me atrevo a dizer que é o mal; apenas quando te escrevo penso que o é, e lho digo.

Fora disso, é exatamente como te disse. Quando te escrevo, não há caso de dormir nem antes nem depois. Quando não escrevo, consigo pelo menos conciliar um sono superficialíssimo, intermitente. Quando não escrevo apenas me sinto cansado, triste, pesado; quando escrevo, em troca, a inquietação e a angústia me devoram. É como se nos rogássemos mutuamente compaixão, eu a ti, para poder por fim arrastar-me até desaparecer, tu a mim...; mas o fato de que isto seja possível é o mais espantoso paradoxo.

Mas, como é possível? perguntas. Que quero? Que faço?

Mais ou menos é assim: eu, animal da floresta, nessa época não estava quase nunca na floresta, jazia em qualquer parte, em minha suja toca (suja somente por causa de minha presença, por certo), de súbito te vi no claro, o mais maravilhoso que havia visto jamais, esqueci-me de tudo, absolutamente de tudo, ergui-me, me aproximei, ainda que temeroso dessa liberdade nova e contudo familiar, aproximei-me não obstante mais e mais, cheguei ao teu lado, fôste tão boa que me acocorei ao teu lado, como se mo tivessem permitido, enterrei o rosto em tua mão, sentia-me tão feliz, tão orgulhoso, tão livre, tão poderoso, tão em minha casa, e sempre o mesmo: tão em minha casa; mas no fundo continuava sendo apenas um animal, meu lugar estava na floresta, vivia no claro somente graças à tua clemência, lia, sem sabê-lo (porque efetivamente tinha-me esquecido de tudo), meu destino em teus olhos. Isso não podia durar. Embora me acariciasses as costas com a mão mais bondosa tinhas que reconhecer as anormalidades que te falavam da floresta, de minha origem e minha verdadeira morada; surgiram as inevitáveis discussões sobre o "temor", inevitavelmente repetidas, que me faziam sofrer em carne viva (e a ti também, mas a ti inocentemente); cada vez me dava conta melhor da imunda peste, da moléstia que era em todo sentido para ti, o mal-entendido com Max o revelava, Gmünd já era óbvio, depois vieram a confusão e a não-confusão de Jarmila, e por fim a estúpida-tola-descuidada questão com V., e algumas pequenas coisas intermediárias. Recordei quem sou, já não vi em teus olhos nenhum engano, senti o terror-do-sonho (de portar-se como se se estivesse em sua casa, em um lugar onde não deveria estar), esse terror o senti na realidade, tinha de voltar à obscuridade, não suportava o sol, estava desesperado, realmente como um animal perdido, me pus a correr o mais depressa que pude, pensando constantemente: "Se pudesse levá-la comigo!", e a idéia oposta: "Existe porventura a obscuridade onde ela está?"

Perguntas-me como vivo: assim vivo.

* * *

Mal havia mandado a primeira carta chegou a tua. Além de tudo o que possa haver por baixo — por baixo dessas coisas como o "temor" e similares —, o que me repugna, não porque seja repugnante, porém porque meu estômago é demasiado débil, afora tudo isso talvez o assunto seja mais simples ainda do que tu dizes. Por exemplo assim: É preciso suportar a imperfeição solitária em todo momento, em troca não é necessário suportar a imperfeição compartilhada. Porventura não tem alguém os olhos para serem arrancados, e o coração para o mesmo fim? E contudo não é tão desastroso, isto é um exagero e uma mentira, tudo é uma exageração, apenas o desejo é verdadeiro e não admite exageração. Mas, ainda a verdade do desejo não é tanto sua própria verdade como — mil vezes mais — a expressão da mentira de tudo o mais.

Parece absurdo, mas assim é.

Por outra parte, talvez não seja na realidade amor quando digo que és para mim o mais amado; amor é quando digo que és o punhal com o qual remexo minhas feridas.

Além disso, tu mesma disseste: "Vocês não têm a força de amar"; não é esta diferença suficiente entre "animal" e "pessoa"?

Não podes compreender exatamente, Milena, de que se trata, ou nem tampouco em parte. Nem sequer eu o entendo, apenas tremo ante o ataque, atormento-me até a loucura; mas que é e que será com certeza, não o sei. Apenas sei o que quero neste momento: Silêncio, obscuridade, arrastar-me para um esconderijo, isso o sei e devo obedecer, não posso fazer outra coisa.

É um ataque, e passa, e em parte já passou, mas as forças que o provocam continuam tremendo constantemente em meu interior, antes e depois; minha existência consiste nessas ameaças subterrâneas, se elas cessaram também cessaria eu, é minha maneira de participar na vida; se cessassem cessaria eu de viver, tão simples e naturalmente como quando se fecha os olhos. Porventura não estiveram sempre presentes, desde que nos conhecemos, e porventura me terias olhado, msmo furtivamente, se não tivessem estado presentes?

Naturalmente, a gente não pode agora voltar-se e dizer: já se passou, e em nossa vida sentir-nos-emos tranqüilos e felizes e agradecidos. A gente não se atreve a dizê-lo, embora seja quase certo (totalmente certa a gratidão, até certo ponto certa a felicidade, e nunca certa a tranqüilidade), porque sempre viverei assustado, especialmente de mim mesmo.

Mencionas-me os compromissos e demais; por certo, foi tudo muito fácil, o sofrimento não foi fácil, mas sim seu efeito. Como se se tivesse levado sempre uma existência licenciosa e de súbito se visse preso em castigo de toda sua dissipação anterior e lhe metessem a cabeça em um torniquete, com um torno sobre a fronte direita e outro sobre a esquerda, e depois, enquanto vão apertando-lhe os tornos, tivesse que dizer: "Sim, persisto na vida licenciosa", ou "Não, abandono-a". Naturalmente, ruge-se "Não", até que se estalem os pulmões.

Também tens razão quando colocas o que acabo de fazer na mesma categoria de todas essas velhas coisas, no fundo somente posso continuar sendo sempre o mesmo e experimentar o mesmo. A única coisa diferente é que já tenho alguma experiência, que para gritar não espero até que me apliquem os tornos de extorquir confissões, começo a gritar logo, enquanto os estão trazendo, e ainda mais, começo a gritar mal se move algo ao longe, tão extremadamente vigilante se tornou minha consciência; não, extremamente vigilante não, muito menos vigilante do que devera. Mas também existe outra diferença: A ti, melhor do que a ninguém, pode-se dizer-te a verdade, pela verdade em si e também por ti; ainda mais, até pode alguém aprender de ti sua própria verdade.

Mas quando recordas com amargura, Milena, que te roguei tão insistentemente que não me abandonasses, não és justa comigo. Nesse sentido não era então diferente do que sou hoje. Vivia de teu olhar (o que não é uma divinização exagerada de tua pessoa, já que diante de um olhar como o teu qualquer um se sente divino), não tinha em realidade nada firme sob os pés; por isso me assustava tanto, sem saber exatamente por que, nem sequer sabia quão por cima da minha terra flutuava. Isso não estava bem, tanto de teu ponto de vista como do meu. Uma palavra de verdade, uma palavra de inevitável verdade bastava para fazer-me descer um degrau; e novamente ouvia outra palavra e novamente descia outro degrau; e finalmente já não era possível deter-se, precipitava-se e mesmo tinha a sensação de que a queda era demasiado lenta. Não cito de antemão nenhum exemplo dessas "palavras de verdade"; isso apenas provoca confusões e nunca é totalmente correto.

* * *

Por favor, Milena, procura encontrar alguma outra possibilidade de comunicar-me contigo. Enviar cartões cheios de mentiras é por demais tolo; nem tampouco sei sempre que livros deveria mandar-te; por fim a idéia de que alguma vez vás ao correio em vão é insuportável, por favor inventa alguma outra possibilidade.

* * *

Segunda-feira pela manhã

De modo que na quarta-feira irás ao correio e não haverá nenhuma carta para ti; sim, a do sábado. No escritório não pude escrever porque queria trabalhar, e não pude trabalhar porque pensava em nós. Pela tarde não pude erguer-me da cama, não porque estivesse por demais cansado, porém muito "pesado", constantemente se repete esta palavra, é a única que convém, compreendes-a, afinal de contas? É algo assim como o "pesadume" de um barco que perdeu o timão e que diz às ondas: "Para mim sou muito pesado, para vós muito leve." Mas tampouco é exatamente assim, as comparações não podem expressá-lo.

Mas no fundo não te escrevi porque sinto a vaga sensação de que tenho de te escrever tantas coisas e tão importantes, que não bastaria todo o tempo livre do mundo para reunir as forças que essa tarefa me exigiria. Assim é.

E como não posso dizer nada sobre o presente, quanto menos posso dizer sobre o futuro! Na realidade acabo de levantar-me de meu leito de enfermo ("leito de enfermo" visto de fora), ainda me agarro a êle e o que mais me agradaria é voltar a deitar-me. Embora eu saiba bem o que esse leito significa.

O que me escreves sobre a gente "que não tem forças para amar", Milena, é certo, mesmo quando não considerasses assim no momento de o escrever. Talvez sua força amorosa consista somente em poder ser amada. E também nesse sentido é preciso fazer uma distinção desfavorável quando se fala dessa gente. Quando um desses diz à sua amada: "Creio que me amas", é algo totalmente diferente e menos sério que quando lhe diz: "Sou amado por ti." Mas esses na verdade não são amantes, são gramáticos.

Creio que compreendeste mal o que disse da "imperfeição partilhada". Com isso apenas quis dizer: vivo em minha própria sujeira, isso é coisa minha. Mas incluir-te também a ti à força é uma coisa muito diversa, não somente como uma ofensa para ti, o que seria secundário, já que não creio que uma ofensa contra outra pessoa, no que diz respeito somente a essa outra pessoa, possa perturbar o sono. Portanto, não é isso. O terrível antes é que graças a ti tenho muito maior consciência de minha sujeira, e — especialmente — que desse modo a salvação se torna para mim tanto mais difícil, não, tanto mais impossível (impossível é em todo caso, mas aqui a impossibilidade é ainda maior). Isto me traz um suor frio à fronte; que tenhas algo de culpa, nem se fala disso, Milena.

Mas foi um erro, e muito me arrependi, ter feito em minha última carta comparações com coisas anteriores. Apaguemo-las os dois ao mesmo tempo.

* * *

Então, não estás realmente enferma?

Por certo, Milena, possuis uma propriedade aqui em Praga, ninguém discute isto contigo, talvez a noite lute por tirar-ta, mas a noite luta por tudo. Mas, que propriedade! Não quero diminui-la, algo é, na realidade é tão grande que poderia eclipsar uma lua cheia, lá em cima em teu quarto. E não te assustará tanta obscuridade? Obscuridade sem o calor da obscuridade.

Para que vejas algumas de minhas "ocupações" anexo alguns desenhos. São quatro madeiros, através dos dois do meio passam dois paus que se atam às mãos do "delinqüente"; através dos exteriores passam dois paus para os pés. Quando o indivíduo foi atado, abrem-se lentamente os paus, até que o homem se parte pelo meio. Apoiado na coluna está o inventor, com os braços e as pernas cruzadas, muito orgulhoso como se o aparelho fosse um invento original, quando na realidade apenas é uma cópia do carniceiro que abre o veado destripado sobre o seu balcão.

Pergunto-te se não te atemorizarás porque na realidade a pessoa de quem me falas não existe nem existiu, o de Viena não existiu, nem tampouco o de Gmünd, embora este último mais, e é preciso maldizê-lo. Sabê-lo é importante, porque se voltamos a ver-nos poderia reaparecer o de Viena, ou ainda o de Gmünd, com toda inocência, como se nada tivesse acontecido, quando na verdade, por debaixo, o verdadeiro — desconhecido de todos e de si mesmo, ainda menos existente que os outros, porém mais real que todos em suas manifestações de poder (por que não aparecerá de uma vez na superfície, por que não se mostrará? — erguerá a mão ameaçadora e novamente destruirá tudo.

Sim, Mizzi K. estêve aqui, tudo saiu perfeitamente. Mas supondo que seja possível, não te escreverei mais sobre outras pessoas, sua intromissão em nossas cartas foi a causa de tudo. Mas não é por esse motivo que não te falarei mais delas (na realidade não foram a causa de nada, salvo preparar o caminho à verdade e ao que a seguirá), não é que queira com isso castigá-las, supondo que possam considerá-lo um castigo; porém que me parece simplesmente que já não têm nada que fazer aqui. Aqui está escuro, é uma casa escura onde apenas os aborígines, e isso com dificuldade, podem mover-se sem tropeçar.

* * *

Se eu sabia que tudo passaria? Sabia que não passaria.

Quando menino, depois de fazer algum mal, não mal ou muito mal no sentido geral, porém algo muito mau em meu sentido privado (o fato de que não fosse uma maldade para os outros não era um mérito meu, porém uma prova de cegueira ou a sonolência do mundo), me assombrava muito de que tudo prosseguisse como antes; que os adultos, embora um tanto lúgubres, mas fora disso iguais, continuassem dando voltas ao meu redor, e que suas bocas, cujo repouso e natural clausura sempre me maravilhou desde acima ainda na primeiríssima idade, também continuassem fechadas. De tudo isto eu deduzia, depois de observá-lo um instante, que evidentemente eu não podia ter feito nada mau, em nenhum sentido, que meu temor havia sido um erro infantil, e que portanto podia voltar a começar de onde me tinha interrompido o primeiro espanto. Mais tarde essa noção do mundo circundante se modificou pouco a pouco. A princípio comecei a crer que os outros tinham perfeita consciência de tudo; ainda mais, que também exprimiam com toda clareza sua opinião, e que eu não possuía ainda a agudeza de visão necessária para percebê-la, coisa que cheguei a possuir bastante rapidamente. Por outra parte, a imperturbabilidade dos demais, mesmo supondo sua existência, e embora constantemente surpreendente, não era contudo uma prova de minha inocência.

Bem, portanto não percebiam nada, nada de minha existência penetrava em seu mundo, ante seus olhos eu era impoluto; o caminho de minha existência, meu caminho, passava, portanto, por fora de seu mundo; se essa existência era uma corrente, pelo menos um grande afluente passava por fora do mundo dos outros.

* * *

Não, Milena, rogo-te com insistência que procures encontrar outra possibilidade de comunicação. Não quero que vás ao correio inutilmente, nem tampouco que vá teu pequeno mensageiro — quem é? — nem sequer que a empregada do correio tenha que responder perguntas sem necessidade. Se não descobres alguma outra forma, haverá de ter paciência, mas faze pelo menos um esfôrço para descobri-la.

* * *

Ontem sonhei contigo. Já não recordo em pormenor o que se passava, apenas sei que nos incluíamos constantemente um dentro do outro, eu era tu, tu eras eu. Por fim começaste a arder, não sei como. Recordando que o fogo se apaga com roupas tomei um velho abrigo e te bati com ele. Mas novamente começaram as transmutações, até o ponto de que já não estavas ali, era eu em troca o que ardia, e também era eu o que golpeava com o abrigo. Mas os golpes não conseguiam nada e apenas confirmavam minha antiga dúvida de que com isso não é possível apagar um fogo. Enquanto isso tinham chegado os bombeiros, e de algum modo te salvaram. Mas eras diferente de antes, espectral, como desenhada com giz nas trevas, e caíste, sem vida ou talvez somente desmaiada de alegria porque te haviam salvo, em meus braços. Mas também aqui agia a insegurança da transmutação, talvez fui eu quem caiu nos braços de alguém.

* * *

Há um momento esteve aqui A., conheces? Se pelo menos cessassem as visitas, todas as pessoas estão tão eternamente vivas, são realmente imortais, não no sentido da verdadeira imortalidade, porém talvez para baixo, na direção de sua vida instântanea. Tenho tanto medo delas. Por temor gostaria de antecipar todos seus desejos lendo-os em seus olhos, e beijar-lhes os pés com gratidão quando decidem retirar-se sem convidar-me a devolver-lhes a visita. Sozinho, ainda estou vivo, mas apenas chega uma visita me mata, por assim dizer, para poder reviver-me novamente mediante seu vigor, energia; mas tanta energia não tem. Na segunda-feira tenho que ir a sua casa, já me zune a cabeça só em pensar nisto.

* * *

Por que, Milena, me falas de nosso futuro juntos, que não acontecerá nunca, ou será por isso que me falas dele? Já uma vez, ao entardecer, em Viena, quando falamos ligeiramente desse tema, tive a sensação de que estávamos procurando a alguém a quem conhecíamos muito bem e deplorávamos muito, e por isso mesmo o chamávamos com os nomes mais formosos, mas que não obtínhamos resposta; como podia responder, quando não estava ali, quando não estava na vasta imensidade que nos cercava?

Há poucas coisas seguras, mas esta é uma: que nunca viveremos juntos, na mesma casa, corpo contra corpo, diante da mesma mesa, nunca, nem sequer na mesma cidade. Quase escrevi que me parecia tão certo como estou certo de que amanhã pela manhã não me levantarei (levantar-me eu sozinho, sem ajuda! Nesses momentos me vejo debaixo de mim mesmo como debaixo de uma pesada cruz, que me oprime o ventre, tenho de fazer um grande esfôrço antes de poder erguer sequer a cabeça, antes que o cadáver que está sobre mim se erga um pouco) e não irei ao escritório. Isto na verdade é certo, com toda certeza não me levantarei, mas se o levantar-se apenas supera um pouco as forças humanas, talvez o consiga, talvez consiga levantar-me justamente esse pequeno excesso por sobre as forças humanas.

Mas não tomes demasiado literalmente isso de levantar-se, as coisas não chegaram a esse ponto; que amanhã me levantarei é em todo caso mais certo que a distante possibilidade de que vivamos juntos. Afinal de contas, também tu pensas assim, Milena, e não de outro modo, quando te examinas e me examinas e examinas o "mar" entre "Viena" e "Praga", com suas insuperáveis imensas ondas.

E no que se refere à sujeira, por que não haverei de exibi-la, constantemente, minha única posse (a única posse de toda pessoa, apenas que eu não tenho tanta consciência disso)? Por modéstia, talvez? Bem, essa seria a única objeção justificada.

Assusta-te a idéia da morte? Eu apenas tenho um mêdo terrível da dor. É um mal sinal. Querer a morte, mas não a dor, é um mau sinal. Além do mais, pode-se enfrentar a morte. O indivíduo foi enviado na realidade como a pomba bíblica, não encontrou nenhum ramo verde e volta a deslizar-se para dentro da arca escura.

* * *

Recebi os folhetos de ambos os sanatórios. Por certo não podia haver nêles nada surpreendente, unicamente em todo caso no que se refere aos preços e à distância de Viena. Em ambos os sentidos os dois sanatórios são equivalentes, mais ou menos. Imensamente caros, mais de quatrocentas coroas por dia, provavelmente quinhentas, e isto além do mais sujeito a mudanças. A umas três horas de trem de Viena, e meia hora em carro, quer dizer, muito distante; quase como Gmünd, embora o trem seja mais lento. Não obstante, Grimmenstein parece um pouquinho mais barato, de modo que nesse caso de emergência o escolheria, mas unicamente em caso de emergência.

* * *

Já vês, Milena, como penso somente em mim, sempre; ou antes penso na estreita faixa de terreno que nos é comum e que em minha opinião e por minha vontade é para nós tão decisiva; e como desatendo tudo o mais que nos rodeia. Nem sequer te agradeci ainda os artigos de **Kmen** e **Tribuna**, embora mais uma vez te portaste magnificamente. Enviar-te-ei meu exemplar, tenho-o aqui sobre a mesa, mas talvez desejes também algum comentário, nesse caso terei que voltar a lê-lo, e não é fácil. Com que prazer leio essas traduções tuas de escritores estrangeiros! A conversação de Tolstoi é uma tradução do russo?

Quer dizer que tiveste gripe? Bem, pelo menos não posso censurar-me pelo sucesso de diversões nestes dias. (Às vezes pergunto-me como descobriram os homens o conceito de "diversão", provavelmente o calcularam como contraste de tristeza.)

Estava convencido de que não me escreverias mais, porém a idéia não me causava nem assombro nem tristeza. Não me causava tristeza porque me parecia necessário, de uma necessidade superior a toda tristeza, e porque provavelmente em todo o mundo não existem pesos suficientes para levantar meu mísero, mínimo peso, e não me causava assombro porque no fundo, nem sequer em outros tempos, não me teria assombrado que me dissesses: "Até agora fui gentil contigo, mas agora se acabou e me vou." As coisas são sempre surpreendentes, mas esta teria sido uma das menos surpreendentes; quanto mais o é, por exemplo, que alguém se levante cada manhã. Contudo não é esta uma surpresa que inspire confiança, antes uma curiosidade que em certos casos inspira repugnância.

Perguntas-me se não mereces alguma palavra afetuosa, Milena? Evidentemente sou eu quem não merece dizer-te, porque se não fosse assim já o teria feito.

Voltaremos a ver-nos antes do que penso? (Bem, eu escrevo "ver-nos", tu escreves "viver juntos".) Não obstante creio (e o vejo confirmado em tudo, em tudo, mesmo em coisas que não têm nada a ver conosco, tudo o afirma) que jamais viveremos juntos, nem poderemos fazê-lo, e "antes" de "jamais" é simplesmente também jamais.

* * *

Depois de tudo Grimmenstein é melhor. A diferença de preço é quase de cinqüenta coroas por dia, além disso ao outro sanatório é preciso levar consigo tudo o necessário para a cura de repouso (pele para os pés, travesseiros, cobertores etc., não tenho nada disso); em troca em Grimmenstein essas coisas podem ser conseguidas emprestadas, no **Wiener Wald** é preciso pagar um depósito considerável, em Grimmenstein não; além disso Grimmenstein fica mais alto, etc. De todos modos ainda não vou. Durante uma semana me senti bastante mal, em verdade (um pouco de febre e tanta fadiga ao respirar que temia erguer-me da mesa, e também muita tosse); ao que parece foi a conseqüência de uma longa caminhada, durante a qual conversei um pouco; mas agora estou muito melhor, de modo que o sanatório voltou a passar a segundo plano.

Aqui tenho os prospectos: No **Wiener Wald** o preço mais baixo para um quarto ao Sul, com varanda, é de trezentas e oitenta coroas, no Grimmenstein o quarto mais caro custa trezentas e sessenta coroas. A diferença é muito grande, embora ambos sejam imundamente caros. Além disso é preciso ter em conta a possibilidade de injeções, porque as injeções são extras. Eu preferiria ir-me ao campo, e ainda mais permanecer em Praga e aprender algum ofício manual, o que menos desejo é ir para um sanatório. Que posso fazer ali? Deixar que o médico principal me tome entre seus joelhos e me afogue metendo-me na boca um pedaço de carne com seus dedos fenolados e empurrando-o pela minha garganta abaixo?

* * *

Acabo de passar duas horas deitado no sofá, pensando quase exclusivamente em ti.

* * *

Pareces não compreender, Milena, que estamos um ao lado do outro contemplando esse ser no solo que sou eu mesmo; mas então eu, como espectador, em realidade não existo.

De passagem, o outono brinca comigo, às vezes sinto-me suspeitosamente acalorado, às vezes suspeitosamente frio, mas não faço caso disso, tão mau, não será, na realidade. Para dizer a verdade até pensei passar por Viena sem deter-me, somente porque me parece que meu pulmão não anda tão bom como este verão, o que é muito natural, e falar na rua me é difícil e me traz conseqüências desagradáveis. Se tenho de me ir desta casa, prefiro ir deitar-me o mais depressa possível na cadeira de repouso de Grimmenstein. Por outra parte, talvez a própria viagem me faça bem, assim como o ar de Viena, que me pareceu ser o verdadeiro ar da vida.

Talvez **Wiener Wald** fique mais próximo, mas não há na realidade tanta diferença de distância. O sanatório não está em Lebbersdorf, porém mais distante, e da estação ao sanatório há ainda meia hora de carro. De modo que se desde êsse lugar se pode viajar para Baden sem dificuldades — com certeza violando o regulamento —, do mesmo modo se pode viajar de Grimmenstein para Wiener-Neustadt, o que não significaria uma grande diferença nem para mim nem para ti.

* * *

Como é possível, Milena, que ainda não sintas temor ou repugnância por mim, ou algo parecido? A que profundidades chegam tua seriedade e tua força!

Leio um livro chinês, histórias de fantasmas, menciono-o aqui porque apenas fala da morte. Um homem jaz em seu leito de morte, e com a independência que lhe outorga a proximidade do descesso, diz: "Passei a vida lutando contra a concupiscência e procurando destruí-la." Depois um aluno se ri de um mestre que apenas fala da morte: "Falas constantemente da morte e contudo não morres." E contudo morrerei. Estou cantando justamente meu último canto. O de alguns homens é mais longo, o de outros mais curto. Mas a diferença afinal de contas apenas consiste em algumas palavras.

Isto é certo, e é injusto sorrir diante do herói que jaz ferido de morte no cenário e canta uma ária. Jazemos e cantamos durante anos.

Também li o **Spiegelmensch:** Que abundância de energia vital! Apenas em uma parte está um pouco enfermo, mas justamente por isso parece mais exuberante nas outras, e até a enfermidade é exuberante. Li-o todo, avidamente, em uma tarde.

* * *

Que é o que agora te tortura "ali"? Sempre acreditei que nesse sentido eu não tinha nenhum poder, mas somente agora sou na realidade impotente. Além disso, estás tão a miúde enferma.

* * *

Acabo de ir ver o diretor, mandou-me chamar. Com efeito, contra minha vontade, Ottla foi vê-lo a semana passada; contra minha vontade me examinou o médico do Instituto, contra a minha vontade vão dar-me férias.

* * *

Milena, perdoa-me, talvez te escrevi muito pouco nos últimos tempos, agitado pela tarefa de reservar um quarto no sanatório (o que agora acontece ter dado em nada). Não obstante, penso ir a Gr.; mas subsistem ainda certas pequenas demoras que uma pessoa de vigor normal (e que portanto não teria que ir a Gr.) teria resolvido há tempo, mas que eu não consigo resolver. Também soube que, apesar do que diz o prospecto do sanatório, preciso de uma permissão de residência das autoridades do lugar; provavelmente ma concederão, mas de todos os modos não antes de eu ter enviado a solicitação.

Passei a tarde na rua, banhando-me no antisemitismo popular. Há pouco ouvi dizer que os judeus eram uma "turba imunda". Não é natural que a gente se vá de onde é tão odiada? (Não faz falta para isso nem o sionismo nem o sentimento nacional.) O heroísmo dos que apesar de tudo permanecem é o das baratas, que tampouco podem extirpar-se do quarto de banho.

Faz um momento olhei pela janela: polícia montada, soldados preparados para a carga de baioneta, multidões que gritam e se dispersam; e aqui em cima, junto à janela, a imunda vergonha de viver constantemente protegido.

* * *

Há já algum tempo que escrevi tudo isto; não me animava a mandar-to, sentia-me tão encerrado em mim mesmo, além disso apenas se me ocorre um motivo para explicar tua decisão de não me escrever.

Já mandei a solicitação às autoridades locais; quando ma concederam, o resto (reserva de lugar e passaporte) levará pouco tempo, e me vou. Minha irmã quer viajar comigo até Viena, talvez o faça, pensa permanecer um ou dois dias em Viena, para conseguir rapidamente alguma vantagem sôbre seu bebê, que já se encontra no quarto mês.

Ehrenstein (1)..., bem, segundo o que te escreveu, tem mais olho do que eu acreditava. Portanto, gostaria muito de modificar a opinião que tenho dêle, mas como já não posso vê-lo, não é possível. Senti-me muito à vontade ao seu lado — por outra parte apenas foi um quarto de hora, nada mais — como se nos conhecêssemos, embora não em um plano superior; era a familiaridade e a falta de incomodidade que sentia ao lado de um de meus companheiros em minha escola. Portava-me bem com ele, era-me indispensável, uniam-nos todos os terrores da escola, diante dele simulava menos que diante dos outros; mas que vínculo lamentável era esse no fundo. Do mesmo modo com E.; não senti nenhum intercâmbio mútuo de fôrças. É muito bem intencionado, fala bem e se esforça muito, mas se em cada esquina aparecesse um orador como ele não conseguiriam acelerar em nada o dia do Juízo Final, e em troca tornariam intolerável o dia presente. Conheces Tanja (2), o diálogo entre o pope e Tanja? É, embora involuntariamente, um exemplo supremo deste tipo de ajuda ineficaz. Evidentemente Tanja morre sob o peso de semelhantes consolos.

Em si, E., é sem dúvida muito vigoroso; o que leu essa noite era notavelmente formoso (excetuando certos pedaços do livro sobre Kraus (3). E como já disse, tem muito bom olho.

Fora disso, E é quase gordo, pelo menos maciço (e portanto francamente admirável; se pudesses compreender!), e a única coisa que sabe das pessoas magras é que são magras. De qualquer maneira, isso basta para muitos, por exemplo para mim.

* * *

As revistas demoraram, em outra ocasião te explicarei por que, mas de todos os modos já as enviei.

* * *

(1) Albert Ehrenstein, literato vienense.
2) Drama do escritor Ernst Weiss, de Praga.
(3) Folheto de Ehrenstein sôbre o satírico vienense Karl Kraus.

Não, Milena, a possibilidade de compartilhar nossa vida, que acreditávamos ter em Viena, já não existe, esfumou-se; tampouco existia nessa oportunidade, eu aparecera "por cima de minha cerca", mantinha-me ali em cima, sustentado somente pelas mãos, mas depois, naturalmente, caí, com as mãos laceradas. Por certo existem ainda possibilidades de compartilhar outras coisas; o mundo está cheio de possibilidades, mas eu não as conheço.

Deste-me uma alegria com o horário. Estudo-os com um mapa. Pelo menos é uma certeza. Mas não acredito ir até dentro de duas semanas, provavelmente mais tarde. Algumas coisas me retém ainda no escritório; o sanatório, que costumava responder-me imediatamente, tornou-se mudo diante de uma pergunta sobre comida vegetariana; além disso, preparo-me para a viagem, por assim dizer, como uma nação; constantemente, em todas as partes, surgem faltas de decisão, é preciso alentar a este e àquele, por fim todos estão preparados, mas não se pode partir porque chora uma criança. Além disso a viagem quase me aterra; por exemplo, quem me tolerará em um hotel, quando comece a tossir como ontem desde as dez menos um quarto (fazia anos que não me deitava às dez menos um quarto) até mais ou menos as onze, sem interrupção; depois adormeço, e às doze, ao voltar-me da esquerda para a direita, começo novamente a tossir, até a uma da madrugada. Por certo, já não me atreveria a viajar em um carro-dormitório, como o fiz no ano anterior sem dificuldades.

* * *

Não é exatamente assim, Milena. Conheces ao que te escreve agora, conheceste-o em Merano. Nesse momento fomos uma só pessoa, não se falou mais de conhecer-se, e depois voltamos a separar-nos.

Além do mais acontece-me isto: Com freqüência penso que tenho de escrever-te tal coisa, porém depois não posso escrever-ta. Talvez o sargento-mor Perkins me retenha a mão, e somente quando ma solta um momento posso escrever-te uma palavra em segredo.

Em realidade, o fato de que tenhas traduzido justamente esse fragmento significa uma afinidade de gostos. Sim, a tortura é para mim sumamente importante, apenas me ocupo de torturas e de ser torturado. Por que? Pelo mesmo motivo quase que Perkins, e do mesmo modo, irrefletido, mecânica e tradicionalmente; quer dizer, para ouvir da bòca condenada a palavra condenada. Uma vez expressei assim a estupidez que isto implica (reconhecer a estupidez não serve para nada): "O animal arranca o látego ao homem e flagela-se a si mesmo, para converter-se em amo, sem saber que isso somente é fantasia produzida por um novo nó na correia do látego do amo."

Naturalmente, a tortura também é patética. Alexandre não torturou o nó górdio porque não queria desatar-se?

* * *

Por outra parte, também parece existir uma tradição judia nesse sentido. O **Venkov** (1), que agora publica muitos artigos contra os judeus, assinala recentemente em um editorial que os judeus corrompem e decompõem tudo, que até corromperam a flagelação da Idade Média. Por infelicidade não trazia maiores detalhes sobre o tema, apenas citava uma obra inglesa. Sou muito "pesado" para ir à biblioteca da Universidade, mas gostaria muito de saber que tiveram que ver os judeus com um movimento que afinal de contas (na Idade Média) terá estado tão afastado deles. Talvez conheças alguma pessoa erudita que o saiba.

* * *

Mandei-te os livros. Declaro-te enfaticamente que não me perturba, que antes é a única coisa mais ou menos sensata que fiz desde há muito tempo. Ales (2) está esgotado, apenas voltará a aparecer para o Natal, em seu lugar escolhi a Checov. Dir-te-ei que a impressão de **babicka** é quase ilegível, talvez se o tivesses visto não o terias comprado. Mas como mo tinhas encomendado...

* * *

Leste algo a respeito do incêndio do sanatório? Em todo caso, Grimmenstein vai estar agora repleto de gente, e mais

(1) Órgão antisemita do Partido Agrário checo.
(2) Pintor e desenhista checo.

altivo. Como pode visitar-me ali H.? Tinhas-me escrito que está em Merano.

* * *

Teu desejo de que não me encontre com teu marido não pode ser mais intenso do que o meu. Supondo que não venha diretamente ver-me — e não o fará nunca — é quase impossível que nos encontremos.

* * *

A viagem protela-se um pouco mais, porque tenho que fazer no escritório. Já vês, não me envergonho de escrever que "tenho o que fazer". Naturalmente, poderia ser um trabalho como qualquer outro; para mim é um semi-sonho, tão vizinho da morte como o sono. O Venkov tem muita razão. Emigrar, Milena, emigrar!

Dizes, Milena, que não o entendes. Procura entendê-lo chamando-lhe uma enfermidade. É uma das numerosas manifestações patológicas que a psicanálise acredita ter descoberto. Eu não o chamo enfermidade e acredito que a parte terapêutica da psicanálise é um tremendo erro. Todas estas chamadas enfermidades, por tristes que pareçam, são manifestações de fé, esforços de pessoas infelizes para se agarrarem a alguma base maternal; é assim como a psicanálise considera, por exemplo, que a origem das religiões é exatamente isso que, segundo eles, constitui a origem das "enfermidades" do indivíduo; por certo, hoje a maioria carecemos de um espírito religioso comum, as seitas são inumeráveis e reduzem-se a pessoas isoladas, mas talvez isto aconteça somente para o olhar dominado pelo presente.

Não obstante, essas tentativas de procurar um ponto de apoio, que conseguem uma base realmente sólida, não constituem posse isolada e intercambiável das pessoas, porém algo pré-fabricado em sua natureza, algo que continua criando, sempre na mesma direção, dita natureza (e também corpo). E esperam curar isso?

Em meu caso é preciso imaginar três círculos, um interior, A; depois o B, depois o C. O núcleo A explica ao B porque esta pessoa deve atormentar-se e desconfiar de si mesma, porque tem que renunciar (não é nenhuma renúncia, o que seria muito difícil, é somente a necessidade de renunciar), porque não pode viver. (Nesse sentido, por exemplo, não estava Diógenes gravemente enfermo? Quem não teria sido feliz sob a irradiação do olhar de Alexandre? Mas Diógenes rogou-lhe desesperado que lhe restituísse o sol, esse sol grego, terrível, interminavelmente ardente, enlouquecedor. Sua barrica estava cheia de fantasmas.) A **C**, a pessoa ativa, já não se lhe explica nada, apenas recebe ordens de **B**. **C** age sob intensa pressão, com o suor frio da angústia (existe outro suor que brote na fronte, nas faces, nas fontes, na raiz do cabelo, enfim, por toda a superfície do crânio? Assim é o de **C**). De modo que **C** age mais por temor que por compreensão, confia, crê que **A** explicou tudo a **B** e que **B** compreendeu tudo bem e lho transmitiu bem.

Não sou insincero, Milena (embora tenho a impressão de que minha letra era antes mais aberta e mais clara, não é verdade?), sou tão sincero como o permite o "regulamento do cárcere", e é muito; além do mais o "regulamento do cárcere" torna-se cada vez mais estrito. Mas "cumpri-lo", isso não posso; "cumpri-lo" é impossível. Possuo uma qualidade que em essência não me diferencia muito de todos meus conhecidos, mas sim me diferencia quanto a grau. Afinal de contas, ambos conhecemos bastantes exemplos característicos de judeu ocidental; eu sou, no meu entender, o mais ocidental de todos os judeus, quer dizer que (exagerando um pouco) não me é permitido um só segundo de calma nada se me dá, tenho de ganhar para mim, não somente o presente como o futuro, porém também o passado, algo que contudo toda pessoa talvez traz consigo mesma, mas também isto tenho que ganhar para mim; talvez seja essa a tarefa mais difícil, quando a terra gira para a direita — não sei se o faz — eu tenho que girar para a esquerda, para recuperar o passado. Mas a verdade é que não possuo o menor vigor para o cumprimento dessas obrigações, não posso levar o mundo sobre os meus ombros, mal posso levar o sobretudo. Essa falta de vigor, por outra parte, não é totalmente lamentável; que vigor se requeria para essas tarefas! Toda tentativa de consegui-lo com minhas próprias forças é uma loucura, e é premiado com a loucura. Por isso é impossível "cumprir", como tu dizes. Apenas, não posso percorrer o caminho que quero percorrer, e ainda mais, nem sequer posso desejar percorrê-lo, apenas posso ficar quieto; não posso desejar outra coisa, nem tampouco desejo outra coisa.

* * *

É mais ou menos como se alguém, antes de dar um simples passeio, não somente tivesse que se lavar, pentear-se, etc. — o que já é bastante cansativo —, porém além disso, já que constantemente lhe falta todo o necessário para dar o menor passeio, tivesse que costurar a própria roupa, fabricar os seus sapatos, manufaturar o chapéu, talhar para si o bastão, etc. Por certo, não pode fazer tudo isto bem, talvez lhe sirva para umas tantas ruas, mas, por exemplo, ao chegar à Graben se lhe desfaz tudo e fica pelado, entre farrapos e tiras. E a tortura de voltar crendo ao Altstädter Ring! E ao final se encontra certamente com uma multidão ocupada em perseguir judeus pela Eisengasse.

Procura compreender-me, Milena; não digo que esse homem esteja perdido, de modo algum, mas sim que está perdido se têm a lembrança de dar um passeio pelo Graben, para envergonhar-se a si mesmo e envergonhar o mundo.

* * *

Na segunda-feira recebi tua última carta, e te respondi imediatamente na mesma segunda-feira.

* * *

Parece que teu marido disse aqui que pensa transferir-se para Paris. Trata-se de uma modificação de velho projeto?

Hoje chegaram duas cartas. Por certo, tens razão, Milena, mal me atrevo a abrir tuas cartas, tanta vergonha me inspiram as minhas. Pois bem, minhas cartas são verdadeiras, ou pelo menos tendem à verdade; que faria diante de tuas respostas, se minhas cartas fossem mentiras? É fácil responder a isto: tornar-me-ia louco. Esta veracidade, portanto, não é um grande mérito, antes não é nenhum mérito, constantemente procuro comunicar algo incomunicável, explicar algo inexplicável, falar de algo que tenho nos ossos e que apenas pode ser sentido nesses mesmos ossos. No fundo talvez seja sòmente esse medo que tantas vezes te mencionei, mas um medo estendido a tudo, medo tanto do maior como do menor; medo, um medo convulsivo de pronunciar uma só palavra. Por outra parte, talvez esse medo não seja somente temor, porém também o desejo de algo maior que tudo o que inspira temor.

"Rompeu-se contra mim", é um absoluto disparate. Apenas eu tenho a culpa, a culpa consiste nessa minha falta de verdade, sempre menos e menos verdade, sempre esse excesso de mentiras, mentiras por temor a mim mesmo e por temor à gente. Este cântaro já estava rôto muito antes de se aproximar da fonte.

E agora calarei a bôca, para ater-me pelo menos um pouco à verdade. A mentira é desesperadora, não existe uma tortura espiritual pior. Por isso te peço! deixa-me calar, agora nas cartas, pessoalmente em Viena.

"Rompeu-se contra mim", escreves, mas eu sozinho vejo que te atormentas, que somente encontras repouso nas ruas, como dizes, e eu em troca estou aqui sentado em minha cálida sala, com minha camisola e meus chinelos, tão tranqüilo como mo permita minha "mola de relógio" (porque de todos os modos tenho que seguir "assinalando a hora").

* * *

Apenas poderei dizer-te em que data viajarei, quando receba a permissão de residência. Para uma permanência de mais de três dias se requer uma permissão especial das autoridades locais. Solicitei-o há já uma semana.

* * *

"Rompeu-se contra mim", torno a pensar isso, é exatamente tão errôneo como por exemplo a suposição oposta.

Nem é minha culpa, nem é culpa da gente. O que acontece é que meu lar é o silêncio, isso é o correto para mim.

* * *

Recortei esta história para ti. Levine foi morto em Munique, não é verdade?

Hoje é quinta-feira. Até a terça-feira estava francamente decidido a ir a Gr. Não obstante, quando refletia, me parecia às vezes sentir como uma ameaça interna; também observei que a postergação da viagem se devia em parte a esse motivo, embora me pareceu fácil sobrepor-me a ele. Terça-feira ao meio-dia alguém me disse que não era necessário esperar a permissão de residência em Praga, porque era muito fácil obtê-la em Viena. Com isso tinha o caminho aberto. Continuei torturando-me uma tarde inteira, sobre o sofá, pela noite lhe escrevi uma carta, mas não ta mandei; continuava acreditando poder sobrepor-me, mas a noite de insônia absoluta foi uma única tortura. As duas pessoas em mim, a que quer viajar e a que não se atreve a viajar, que somente constituem uma parte de mim, e ambas sem dúvida desonestas, lutavam em meu interior. Levantei-me pela manhã como em minhas piores épocas.

Não tenho a energia necessária para viajar; não posso suportar de antemão a idéia de aparecer diante de ti, não posso suportar a pressão sobre o cérebro.

Já tua carta revela que te decepcionei irrefreável, ilimitadamente; e agora isto, além do mais. Escreves que não tens nenhuma esperança; não obstante tens a esperança de poder afastar-te completamente de mim.

Não posso fazer-te compreender, nem a ti nem a ninguém, o que se passa em meu interior. Como explicar-te por que me acontece tudo isso? Nem sequer posso explicá-lo a mim mesmo. Mas tampouco isto é o principal, o principal é muito claro: é-me impossível viver uma vida humana entre os homens; estás vendo isso e contudo não queres acreditá-lo?

* * *

Sábado à noite

Ainda não recebi a carta amarela, devolver-te-ei sem abri-la.

Equivocar-me-ia terrivelmente se a idéia de não nos escrevermos mais não fosse boa. Mas não me equivoco, Milena.

Não quero falar de ti, não porque não seja coisa minha, é coisa minha; simplesmente, não quero falar dela.

Portanto, falemos sòmente de mim: O que tu és para mim, Milena, o que és para mim além de todo o mundo em que ambos vivemos, isso não o encontrarás nos papelinhos diários que te escrevi. Essas cartas, tais como são, apenas servem para atormentar-se, e quando não atormentam é pior ainda. Não servem de nada, salvo para criar um dia, em Gmünd, mal-entendidos, humilhações, humilhações quase perpétuas. Quero ver-te tão claramente como a primeira vez na rua, mas as cartas me distraem ainda mais do que toda a rua L. com seus ruídos.

Mas tudo isto nem sequer é decisivo, o decisivo é minha impotência, uma impotência que as cartas aumentam a impotência de chegar mais além delas; impotência tanto no que se refere a ti como no que se refere a mim — mil cartas tuas e mil desejos meus não poderiam negá-lo — e o decisivo é **a voz irresistìvelmente forte, por assim dizer tua voz** (talvez por causa mesma da minha impotência, embora aqui todos os motivos são obscuros), que me roga silêncio.

E não obstante tudo o que se refere a ti fica sem dizer, embora na realidade aparece na maioria de tuas cartas (talvez também na amarela, ou antes: aparece no telegrama em que me pedes que te devolva a carta, com todo direito, naturalmente,) com freqüência nessas frases que me inspiram temor e que evito como o diabo evita um lugar consagrado.

* * *

É notável, também eu queria telegrafar-te, acariciei longamente a idéia, na cama à tarde, no Belvedere à noite; mas apenas me preocupava o texto: "Rogo resposta explícita e afirmativa de passagens sublinhadas em minha última carta", finalmente me pareceu que implicava uma odiosa desconfiança sem motivo e não te telegrafei.

* * *

Aqui estou, sentado diante desta carta, sem fazer outra coisa, à uma e meia da madrugada; olhando-a e vendo-te através dela. Às vezes, não em sonhos, aparece-me esta visão: Tens o rosto coberto pelo cabelo, consigo separá-lo e afastá-lo para ambos os lados, aparece teu rosto, meus dedos percorrem a fronte e a testa e por fim tenho teu rosto entre as mãos. (À margem direita.) Naturalmente, se vou a algum sanatório, te escreverei.

* * *

Segunda-feira

Quis rasgar esta carta, não mandá-la, não responder ao telegrama, os telegramas são tão ambíguos, mas agora tenho o cartão e a carta, êsse cartão, essa carta. Mas mesmo diante delas, Milena, e embora tivesse que morder em mil pedaços minha língua desesperada por falar, como acreditar que necessitas essas cartas, quando a única coisa que necessitas é descanso, como tu mesma quase sem o saber dizes com freqüência. E essa cartas apenas são uma tortura, **nascem do tormento, incurável, e conduzem ao tormento, também incurável**; que falta fazem — e cada vez é pior — em um inverno como este? Calar é a unica maneira de viver, tanto aqui como ali. Com tristeza, de acordo, mas que importa? Assim o sonho é mais infantil e mais profundo. Mas o tormento é como um arado que sulca o sonho — e o dia —, não se pode suportar.

* * *

Quarta-feira

Nenhuma lei me proíbe escrever-te uma vez mais e agradecer-te esta carta onde aparece o mais formoso talvez que poderias ter-me escrito, esse: "Eu sei que tu me..."

Fora disso, há muito que estavas de acordo comigo sôbre a conveniência de que não nos escrevêssemos mais; que justamente eu o tenha proposto apenas foi uma casualidade, do mesmo modo terias podido propô-lo tu. E como estamos de acordo, não é necessário explicar por que é conveniente que não nos escrevamos.

O único mal é que (de agora em diante não irá mais perguntar ao correio) não tenho nenhuma ou quase nenhuma possibilidade de escrever-te, ou sòmente a possibilidade de mandar-te um cartão em branco, para avisar-te que te espera uma carta no correio. **Não deixes nunca de escrever-me quando seja necessário, porém isso, por certo, é óbvio.**

Conduzi-me muito mal no assunto de V., não resta nenhuma dúvida, mas não tão desastrosamente como te pareceu no primeiro momento. Antes de tudo, não fui como postulante, e de nenhum modo em teu nome. Fui como um estranho que te conhecia muito bem, que havia visto um pouco como estavam as coisas em Viena e que além disso havia recebido duas cartas muito tristes.

Não me despeço. Esta não é uma despedida, apenas seria se a fôrça de gravidade que me espreita me arrastasse definitivamente com ela. Mas, como poderia fazê-lo, estando tu viva?

Querida senhora Milena (1), creio que é melhor não falar de cobrir a retaguarda e tudo o mais, assim como não convém falar em alta traição em tempos de guerra. São coisas afinal de contas que não se compreendem totalmente, que em último caso apenas podem ser adivinhadas, coisas diante das quais são se é mais do que uma "não nação". Influi-se sobre os acontecimentos, porque sem nação não pode haver guerra, e dali assume-se o direito de intervir nas discussões; mas na realidade as coisas são julgadas e decididas pelas incalculáveis hierarquias das altas autoridades. E se em realidade e por azar se pudesse influir sobre os acontecimentos com suas palavras, isso apenas provocaria dano, já que essas palavras são sem dúvida inexperientes, incontroláveis, ditas como em sonhos, e o mundo está cheio de espiões que escutam. Nesse sentido o melhor é uma atitude calma, digna, imutável diante das provocações. E na verdade aqui tudo é uma provocação, até a erva em que você se assenta junto ao longo canal. (Uma atitude totalmente irresponsável, por outra parte, em momentos em que eu estou na cama junto à estufa acesa, sob a coberta elétrica, duas colchas e um edredon, e temo resfriar-me.) Afinal de contas, só se pode julgar como as aparências exteriores afetam ao mundo, e nesse sentido, com minha enfermidade, tenho uma vantagem sobre você, com suas caminhadas ao que parece terríveis. Porque se eu falasse nesse sentido de minha enfermidade, ninguém no fundo me acreditaria, e na verdade seria somente uma brincadeira.

Muito breve começarei a ler **Donadieu,** embora talvez tivesse que mandá-lo antes a você, sei o que significa um desejo como esse, e sei que se guarda rancor à pessoa que retém um livro semelhante. Por exemplo, eu estava prevenido contra certas pessoas porque sem poder prová-lo suspeitava que cada uma delas possuía um exemplar de **Nachsommer,** e o filho de Oscar Baum voltou para sua casa, mal entrou em uma escola próximo de Francfurt, especialmente porque não tinha ali seus livros, especialmente sua novela favorita **Stalky e Cia.,** de Kipling, que segundo creio já tinho lido setenta e cinco vêzes. Se o mesmo acontece com **Donadieu,** mandá-lo-ei a você, embora eu gostaria muito de lê-lo.

---

(1) As últimas cartas vão dirigidas à casa de Milena.

Se tivesse as revistas, talvez não leria os artigos de moda (onde estavam no domingo passado?); gostaria muito que você me comunicasse sempre as datas de aparição. Procurarei conseguir o **Diablo** quando possa sair, no momento tenho ainda algumas dóres.

Georg Kaiser; conheço pouco dele, e não tinha maiores desejos de conhecer nada mais; mas é verdade que não vi nada seu no teatro. Há dois anos me causou grande impressão seu processo, lia o pormenor das audiências no **Tatra**, especialmente o grande discurso de defesa em que declarou seu direito incontestável de apropriar-se de coisas alheias, comparou sua posição na história alemã com a de Lutero, e pediu que em caso de ser condenado pusessem a meio pau as bandeiras na Alemanha. Aqui junto à minha cama falou especialmente de seu filho maior (tem três), um menino de dez anos; não lhe permite ir à escola, mas tampouco lhe ensina nada; portanto o menino não sabe nem ler nem escrever ainda, embora desenhe muito bem e passa o dia inteiro vagando pelo bosque e junto ao lago (vivem em uma casa de campo isolada, em Grünhaide, próximo de Berlim). Quando me despedi de Kaiser lhe disse: "Em todo caso é uma grande empresa", e me respondeu: "E é também a única, tudo o mais é verdade antes trivial." Notável, e não de todo agradável, vê-lo assim, metade comerciante berlinês, frívola, e metade demente. Não parece ter sofrido nunca uma grande comoção, embora às vezes parecesse que a comoção foi demasiado forte; segundo dizem, destruíram-nos os trópicos, nenhuma outra coisa (quando jovem esteve empregado na América do sul, voltou doente, permaneceu oito anos sem fazer nada em sua casa, sôbre o sofá, e depois começou a reviver em um sanatório). Essa duplicidade se percebe também em seu rosto: um rosto chato, de olhos celestes assombrosamente vazios, que não obstante, como muitas outras coisas de sua cara, se movem rapidamente, piscando, enquanto as demais feições permanecem imóveis, como paralisadas. Na realidade Max tem dele uma impressão muito diferente, considera-o muito estimulante, e por isso, provavelmente, em um excesso de amizade, obrigou-o a visitar-me. E agora apoderou-se de toda a carta, além disso. Teria apreciado dizer-lhe algumas coisas mais. Na próxima.

Querida senhora Milena, tenho que confessar que alguma vez invejei muito a alguém porque era querido, bem cuidado, protegido pela razão e a força, e jazia pacificamente sob as flores. Sempre estou muito disposto à inveja.

Acredito por fim poder deduzir da **Tribuna** (que não leio sempre, porém às vezes) que você passou um bom verão. Uma vez consegui a **Tribuna** em Planá, na estação; uma senhora em veraneio conversava com outra e tinha a revista na mão, às suas costas, justamente em minha direção; minha irmã pediu-a para mim. Se não me engano havia um artigo seu muito alegre contra os balneários alemães. Uma vez você escreveu sôbre os prazeres da vida de veranista longe das estradas de ferro, também esse era formoso; ou talvez fosse o mesmo artigo? Creio que não. Como sempre acontece quando aparece no **Národni Listy** e abandona a Escola (Judia) de Modas, seu artigo sobre as vitrinas das tendas era esplêndido. Depois traduziu o artigo sobre os cozinheiros, por que? "A Tia" é notável, às vezes escreve que as cartas têm que estar corretamente franqueadas, depois que não é preciso atirar nada pela janela, coisa indiscutíveis e que representam, não obstante, lutas sem esperanças; mas às vezes, se se presta muita atenção, escapa-se-lhe algo afetuoso, comovedor e bondoso; embora não tivesse que odiar tanto aos alemães, os alemães são maravilhosos e continuarão sendo-o. Conhece você a poesia de Eichendorff: "Oh vastos vales, oh cumes!" ou a poesia de Justinus Kerner sobre a serraria? (1) Se não as conhece, qualquer dia tas copiarei.

Poderia contar-lhe algumas coisas sobre Planá, mas já tudo isso pertence quase ao passado. Ottla portou-se muito carinhosamente comigo, embora além de mim tenha outra criança. Meu pulmão, pelo menos ali, mostrou-se tolerável; aqui, embora haja duas semanas que cheguei, ainda não fui ver o médico. Tão mal depois de tudo não pode estar, se se considera que ali — santa vaidade! — pudesse cortar lenha durante uma hora seguida e mais quem sem me cansar, e contudo me sentia feliz por momentos. Outras coisas, como o sono e o correspondente despertar, eram às vezes bastante deploráveis. E seu pulmão, essa criança altiva, forte, atormentada, irredutível?

Seu, K.

* * *

Há muito tempo que não lhe escrevo, senhora Milena, e também hoje lhe escrevo por uma casualidade. Na reali-

(1) **O viajante na serraria,** um dos poemas favoritos de Kafka.

dade não tenho que me desculpar pelo silêncio, você já sabe como odeio as cartas. Toda a desgraça de minha vida — não quero com isto me queixar, porém fazer uma observação de interesse geral — provém por assim dizer das cartas ou da possibilidade de escrevê-las. As pessoas quase nunca me atraiçoaram, porém as cartas sempre; e na verdade não as alheias, porém exatamente minhas cartas. Em meu caso é um infortúnio muito especial, do qual não quero continuar falando, porém ao mesmo tempo é também uma desgraça geral. A simples possibilidade de escrever cartas deve ter provocado — sob um ponto de vista meramente teórico — uma terrível desintegração de almas no mundo. E com efeito uma conversação com fantasmas (e para piorar não somente com o fantasma do destinatário, porém também com o do remetente) que se desenvolve nas entrelinhas da carta que se escreve, ou ainda em uma série de cartas, onde cada uma corrobora a outra e pode referir-se a ela como testemunha. De onde terá surgido a idéia de que as pessoas podiam comunicar-se mediante cartas? Pode-se pensar em uma pessoa distante, poder-se agarrar a uma pessoa próxima, tudo o mais fica mais além das forças humanas. Escrever cartas, contudo, significa desnudar-se diante dos fantasmas, que esperam isso avidamente. Os beijos por escrito não chegam a seu destino, são bebidos pelo caminho pelos fantasmas. Com este abundante alimento se multiplicam, com efeito, enormemente. A humanidade percebe-o e luta por evitar isso; e para eliminar no mais possível o fantasmagórico entre as pessoas e conseguir uma comunicação natural, que é a paz das almas, inventou a estrada de ferro, o automóvel, o aeroplano, mas já não servem, são evidentemente descobertas feitas no momento do desastre, o bando oposto é tanto mais calmo e poderoso, depois do correio inventou o telegráfo, o telefone, a telegrafia sem fios. Os fantasmas não morrerão de fome, e nós em troca pereceremos.

Assombra-me que você ainda não tenha escrito nada sobre êste tema, não para impedir ou conseguir algo mediante sua publicação, porque para isso já é muito tarde, porém para demonstrar-lhes pelo menos a "eles' que foram descobertos.

A "eles" também pode-se-lhes reconhecer, na realidade, por suas exceções, porque às vezes deixam passar uma carta sem intrometer-se, e a carta chega como uma mão amiga, que suave e bondosamente se apóia na nossa. Bem provavelmente isto seja apenas uma aparência, e talvez esses casos sejam os mais perigosos, diante deles é preciso precaver-se ainda mais do que diante dos outros, mas mesmo que se trate de uma ilusão é, em todo caso, uma ilusão completa.

Algo semelhante aconteceu-me hoje, e por isso lembrei-me de escrever-lhe. Recebi hoje de uma amiga, que você também conhece (1), uma carta; há muito tempo que não me escrevia, o que é notavelmente sensato. Porque do exposto anteriormente também se deduz que as cartas são um esplêndido remédio contra o sonho. Em que estado são recebidas! Seco, vazio, provocativo, uma alegria momentânea seguida por longos sofrimentos. Enquanto se lê, esquecido de si mesmo, ergue-se o pouquíssimo sonho que se tinha, foge pela janela aberta e não volta até muito depois. Por esse motivo não nos escrevemos. Não obstante, penso com freqüência nela, embora muito brevemente. Tudo o que penso é sempre muito ligeiro. Mas ontem à noite pensei muito nela, durante horas; passei as horas da noite, tão preciosas para mim por causa de sua hospitalidade, repetindo-lhe constantemente, com as mesmas palavras, em uma carta imaginária, certs coisas que nesse momento me pareciam de suma importância. E pela manhã recebi efetivamente uma carta sua, onde me dizia além do mais que desde um mês ainda a sensação de que devia vir ver-me, uma observação que coincidia curiosamente com certas coisas que eu tinha experimentado.

Este incidente da carta me incitou a escrever uma eu também, e já que o tinha decidido, como não escrever a você, senhora Milena, à pessoa a quem mais me agrada escrever, talvez (dentro do que pode agradar a alguém escrever, o que não obstante vai somente para os fantasmas que rodeiam com avidez a minha escrivaninha).

Há muito que não encontro nada seu nos jornais, a não ser os artigos sobre modas, que nos últimos tempos, com pequenas exceções, me pareciam alegres e tranqüilos, especialmente o último sobre a primavera. É verdade que fazia três semanas que não lia a **Tribuna** (mas procurarei fazer com que ma mandem) estava em Spindelmühle.

Chegou sua carta, depois. Acontece-me algo notável com as cartas: tenha — quando não? — paciência comigo. Há anos já que não escrevo a ninguém; nesse sentido estava como morto, uma carência absoluta de todo desejo de comunica-

(1) Provavelmente da própria Milena.

ção, como se não pertencesse a esse mundo, mas tampouco a nenhum outro; como se durante todos os anos transcorridos até esse momento apenas tivesse feito mecanicamente o que se desejava de mim, esperando na realidade uma voz que me chamasse, até que a enfermidade me chamou da sala ao lado, e corri para ela e me entreguei a ela cada vez mais intensamente. Mas existe muita obscuridade nesse quarto, e não se sabe nem sequer se é a enfermidade.

De todos os modos, pensar e escrever é agora para mim difícil; às vezes, ao escrever, minha mão corre vazia sobre o papel, como neste momento; do pensar, não quero nem falar (constantemente me maravilha a rapidez de relâmpago de seu pensamento, como se reúne um punhado de frases e surge o raio); em todo caso, tenha paciência, o casulo se abre lentamente, e na verdade apenas é um casulo porque chamamos casulo ao fechado.

Comecei **Donadieu,** mas li muito pouco, não consigo entrar totalmente, e o pouco que li dele (1) anteriormente não me interessa muito. Elogiam sua singeleza, porém a singeleza fica bem na Alemanha e na Rússia, esse avô é simpático, mas não possui a energia necessária para impedir que se passe por cima dele ao ler. O mais formoso do que li até agora (ainda estou em Lyon), parece-me característico da França, não de Philippe; um reflexo pálido de Flaubert, por exemplo a alegria repentina diante de uma esquina (talvez você se lembre deste parágrafo). A tradução parece feita por dois tradutores, às vezes é muito boa, e de súbito é ruim até o ininteligível. (Wolff publicará proximamente uma nova tradução.) De todos os modos leio-o com prazer, cheguei a ser um leitor tolerável, embora muito lento. O que me incomoda em todo caso neste livro é uma fraqueza minha, a de sentir-me muito envergonhado diante das moças: até o ponto de que não posso acreditar nas jovens do escritor, porque duvido de sua capacidade de enfrentá-las. Como se o escritor tivesse por exemplo fabricado uma boneca e a tivesse chamado Donadieu, com o único fito de afastar a atenção do leitor de verdadeira Donadieu, que é muito diferente e está em outro lugar. E realmente parece-me perceber nesses anos de adolescência feminina, com toda sua beleza, uma espécie de duro esquema, como se tudo o que foi narrado não tivesse realmente acontecido, porém somente o que se lhe segue, e apenas

(1) Charles-Louis Philippe.

fôsse uma espécie de cobertura inventada depois, de acordo com as regras musicais e adaptada à realidade. E existem livros em que essa sensação persiste até o final.

Não conheço **Pelo amplo caminho.** Gosto muito de Checov, às vêzes doidamente. Também não conheço a Will der Mühle, nem a Stevenson, salvo como escritor favorito seu.

Mandar-lhe-ei **Franzi** (1). A não ser breves exceções, acredito que não lhe agradará nada. Isto se explica com minha teoria de que os escritores vivos possuem uma conexão vivente com seus livros. Pelo fato de existir, lutam a seu favor ou contra êles. A verdadeira vida independente do livro apenas começa depois da morte da pessoa, ou antes um tempo depois da morte, porque essas pessoas tão ansiosas continuam lutando um pouco pelo seu livro mesmo depois de sua morte. Mais tarde, porém, o livro fica só e pode confiar somente no vigor das batidas de seu coração. Por isso, por exemplo, foi tão sensato Meyerbeer quando quis auxiliar a essa batida deixando um legado a cada uma de suas óperas, legados proporcionais talvez à confiança que lhe inspiravam. Também se poderiam dizer outras coisas sobre esta idéia, ainda que são coisas sem importância. No que se refere a **Franzi,** quer dizer que o livro do escritor vivo é na realidade o dormitório no fundo de sua casa, destinado aos beijos, quando merece ser beijado, e terrível em caso contrário. Não é emitir um juízo sobre o livro dizer que me agrada, nem mesmo se você declara — ainda que talvez não — que não lhe agrada.

* * *

Hoje li uma boa parte do **Donadieu,** mas não posso prosseguir. (Embora hoje tampouco possa continuar com a explicação, já que ao lado na cozinha está minha irmã conversando com a cozinheira, o que na realidade cessaria apenas eu tossisse uma só vez, mas não quero fazê-lo, porque a jovem — há alguns dias somente que está conosco —, uma jovem de dezenove anos, imensamente vigorosa, afirma ser a criatura mais infeliz do mundo, sem motivo especial; simplesmente é infeliz porque é infeliz, e precisa que a console minha irmã, que por outra parte sempre, como diz meu pai, "prefere estar com a criada"). Tudo o que dissesse superficialmente contra

(1) Novela de Max Brod.

o livro seria de qualquer modo injusto, porque todas as objeções surgem do fundo, e não precisamente do fundo do livro. Quando se assassinou ontem a alguém — e alguma vez poderia êsse ontem transformar-se num anteontem? — não pode suportar hoje um relato de assassinatos. Para êle, são ao mesmo tempo penosos, tediosos, e irritantes, tudo. A solene falta de solenidade, a emocionada falta de emoção, a maravilhada ironia do livro..., nada disso posso suportar. Quando Rafael seduz a Donadieu, é muito importante para ela, mas, que tem a fazer o autor no quarto do estudante?, e ainda menos a quarta pessoa, o leitor, até que o quartinho se converta na sala de conferências de uma faculdade de medicina ou de psicologia. E por outra parte, há tão pouca coisa no livro, salvo desespero.

Ainda penso com freqüência em seu artigo. Insolitamente, creio com efeito — para prolongar em um diálogo real o fictício; judaísmo! judaísmo! — que podem existir casamentos que não estejam baseados no desespêro da solidão; ainda mais, matrimônios elevados e conscientes; e acredito que no fundo isso seja também o que o anjo acredita. Por que aquêles que se casam por desespêro, que ganham? Se se une uma solidão a outra, não se consegue um lar, porém uma **Katorga** (1). Cada uma das solidões reflete-se sôbre a outra, mesmo na noite mais profunda e mais escura. E se alguém junta uma solidão a uma segurança, é ainda pior para a solidão (a menos que seja uma solidão delicada, adolescente, inconsciente). O casamento significa, antes, se alguém define limpa e vigorosamente a condição prévia, estar seguro.

* * *

Mas no momento o pior é, contudo — nem o imaginava —, que não posso continuar escrevendo estas cartas, nem sequer estas importantes cartas. O malvado feiticeiro do "escrever cartas" me agarra e destrói minhas noites, que por outra parte costumam destruir-se por si mesmas, mais violentamente do que nunca. Tenho de cessar, não posso escrever mais. Ah, sua insônia é muito diferente da minha. Por favor, não nos escrevamos mais.

(Cartão-postal de Dobrichovice. Selada em 9.V.23.)

---

(1) Palavra russa, significando longa condenação no cárcere, seguida de exílio.

Muito obrigado pelos cumprimentos. Quanto a mim, vim por alguns dias, em Praga as coisas não andavam bem. Mas ainda não é uma viagem, apenas é um adejar destas asas completamente inúteis.

(Cartão-postal de Dodrichovice. Selada em 9.V.23.)

Querida senhora Milena

Suponho que terá recebido meu cartão-postal de Dobrichovice. Continuo aqui, mas dentro de dois ou três dias retorno para casa, é muito caro, muito insone, etc.; em troca sua formosura supera tôda descrição. Quanto a minhas próximas viagens, depois desta talvez me sinta mais disposto a viajar, embora seja a meia hora de Praga. Temo antes de tudo o gasto, aqui é tão caro que alguém sòmente poderia vir passar os últimos dias de sua vida, porque depois não lhe restaria nada; e em segundo lugar temo — em segundo lugar — o céu e o inferno. Fora disso, resta-me o mundo inteiro para escolher.

Cordiais saudações,

Seu, K.

* * *

(Com lápis, pelo meio, acima e abaixo do cartão-postal.)

Além do mais, não sabem dar o câmbio exato, às vêzes dão demais, às vezes menos, é difícil fazer a conta, o camareiro é tão veloz.

De passagem, é a terceira vez desde que nos conhecemos que em um momento crítico perfeitamente definido você consegue prevenir-me ou tranqüilizar-me ou como queira chamá-lo, com algumas poucas linhas.

Quando depois de nosso último encontro desapareceste, repentina (embora não de surpresa), não soube nada mais de ti até começos de setembro, e de uma maneira para mim bastante desagradável. Enquanto isso, em julho, tinha-me ocorrido algo importante — as coisas importantes que existem! —; tinha ido a Müritz, junto ao Báltico, com a ajuda de minha irmã mais velha. Distante de Praga, pelo menos, longe da moradia sufocante. Os primeiros tempos senti-me francamente mal. Depois, inesperadamente, adquiriu grande consistência a possibilidade de ir a Berlim. Na realidade, tive a intenção de ir em outubro à Palestina, até falamos disso; naturalmente não resultou nada do assunto, apenas era uma fantasia, como a que pode improvisar uma pessoa convencida de que nunca mais se erguerá da cama. Se nunca mais me levantarei da cama, por que não viajar pelo menos à Palestina? Mas em Müritz pus-me em contato com uma colônia de férias de uma instituição judia de Berlim, em sua maioria judeus orientais. Atraía-me muito, ficava-me de passagem. Comecei a pensar em mudar-me para Berlim. Esta possibilidade não era nesse momento muito mais consistente do que o plano palestinense, porém depois aquiriu mais força. Viver só em Berlim me era por certo impossível, em todo sentido; não unicamente em Berlim, porém viver só em qualquer parte. Mas também encontrei para isso em Müritz uma solução, de caráter bastante inverossímil (1). Voltei a Praga em meados de agôsto e permaneci ainda um mês em Schelesen com minha irmã mais moça. Ali me inteirei por acaso da carta queimada, estava desesperado, escrevi-te imediatamente para aliviar minha preocupação, mas depois não mandei a carta, porque na realidade não sabia nada de ti, e por fim a queimei, antes de vir para Berlim. Das outras três cartas que mencionas, até hoje não soube nada. Estava desesperado por uma terrível vergonha infligida a alguém, embora não soubesse exatamente a qual dos três implicados. Mas, por certo, o desespero era ineludível, embora tivesse sido de outro caráter; mesmo supondo que tivesse recebido em Müritz a carta em questão.

Em fins de setembro, portanto, vim a Berlim; pouco antes de minha partida recebi teu cartão-postal da Itália. No que se refere à dita partida realizei-a com os últimos restinhos de força que pude encontrar; ou mais exatamente, já sem nenhuma força, algo assim como um enterro.

E aqui estou agora; até o momento as coisas não estão tão mal em Berlim como pareces tu acreditar; vivo quase no campo, em uma casinha com jardim; parece-me não ter vivido nunca em uma casa tão formosa, certamente estou destinado a perdê-la logo, é muito formosa para mim; por outra parte é meu segundo domicílio desde que cheguei. A comida não é em essência diferente da comida de Praga, até agora, pelo menos minha comida. O mesmo se pode dizer de minha

(1) Refere-se a Dora Dymant, que o acompanhou durante seus últimos meses de vida.

saúde. Isso é tudo. Mais não me atrevo a dizer, o que já disse é bastante, os demônios do ar já começam a bebê-lo avidamente com suas gargantas insaciáveis. E menos dizes tu em tua carta. O estado geral é bom, é tolerável? Não consigo desentranhá-lo. Por certo, nem sequer se pode fazê-lo em seu próprio caso, exatamente nisso consiste o "temor".

F.

* * *

Querida Milena

Há muito tempo que espera aqui um fragmento de carta para você, mas não consigo terminá-lo, porque os velhos males voltaram a encontrar-me ainda aqui, atacaram-me e me venceram um pouco; há momentos em que tudo me cansa, cada traço da lapiseira; tudo quanto eu escrevo parece-me demasiado importante, fora de proporção com minhas forças, e quando acrescento "Cordiais saudações", terão essas saudações realmente a energia necessária para chegar até a ruidosa, violenta, cinzenta e cidadã rua L., onde eu e tudo o que é meu nem sequer poderíamos respirar? Portanto, espero tempos melhores ou talvez piores; além do mais, estou bem aqui, ternamente protegido até o cúmulo das possibilidades terrenas. Do mundo mal me inteiro, e na verdade energicamente, através da elevação do custo de vida; não recebo jornais de Praga, os de Berlim me são demasiado caros, que lhe parece mandar-me às vezes algum desses recortes do **Národni Listy**, que costumavam alegrar-me tanto em outras épocas? Meu endereço é, por outra parte, desde há algumas semanas: Steglitz, Grunewaldstrasse 13, na casa do senhor Seifert. E agora, não obstante, meus "melhores cumprimentos", não importa se ali chegar à porta do jardim já tombam desfalecidos, talvez tanto maior será em você sua força.

Seu, K.

A presente edição de CARTA A MILENA de Franz Kafka é o volume número 6 da coleção Obras de Franz Kafka. Capa Cláudio Martins.Impresso na Líthera Maciel Ltda., Rua Simão Antônio, 1.070 - Contagem, para Editora Itatiaia, à Rua São Geraldo, 67 - Belo Horizonte. No catálogo geral leva o número 946/6B. ISBN:85-319-0342-4.